Obtenir les bonnes compétences: France

Cet ouvrage est publié sous la responsabilité du Secrétaire général de l'OCDE. Les opinions et les interprétations exprimées ne reflètent pas nécessairement les vues officielles des pays membres de l'OCDE.

Ce document, ainsi que les données et cartes qu'il peut comprendre, sont sans préjudice du statut de tout territoire, de la souveraineté s'exerçant sur ce dernier, du tracé des frontières et limites internationales, et du nom de tout territoire, ville ou région.

Merci de citer cet ouvrage comme suit :
OCDE (2017), *Obtenir les bonnes compétences: France*, Éditions OCDE, Paris.
http://dx.doi.org/10.1787/9789264284227-fr

ISBN 978-92-64-28421-0 (imprimé)
ISBN 978-92-64-28422-7 (PDF)

Version révisée, février 2018
Les détails des révisions sont disponibles à l'adresse :
http://www.oecd.org/fr/apropos/editionsocde/Corrigendum_Obtenir-les-bonnes-competences-France.pdf.

Les données statistiques concernant Israël sont fournies par et sous la responsabilité des autorités israéliennes compétentes. L'utilisation de ces données par l'OCDE est sans préjudice du statut des hauteurs du Golan, de Jérusalem-Est et des colonies de peuplement israéliennes en Cisjordanie aux termes du droit international.

Crédits photo : Couverture © Téléphone portable : © Creative Commons/Alfredo Hernandez, l'horloge : © Creative Commons/Hakan Yalcin, téléchargement cloud : Creative Commons/Warslab, joindre : © Creative Commons/Tom Ingebretsen, docteur : © Creative Commons/Joseph Wilson, chef : © Creative Commons/Alfonso Melolontha.

Les corrigenda des publications de l'OCDE sont disponibles sur : *www.oecd.org/about/publishing/corrigenda.htm*.
© OCDE 2017

La copie, le téléchargement ou l'impression du contenu OCDE pour une utilisation personnelle sont autorisés. Il est possible d'inclure des extraits de publications, de bases de données et de produits multimédia de l'OCDE dans des documents, présentations, blogs, sites internet et matériel pédagogique, sous réserve de faire mention de la source et du copyright. Toute demande en vue d'un usage public ou commercial ou concernant les droits de traduction devra être adressée à *rights@oecd.org*. Toute demande d'autorisation de photocopier une partie de ce contenu à des fins publiques ou commerciales devra être soumise au Copyright Clearance Center (CCC), *info@copyright.com*, ou au Centre français d'exploitation du droit de copie (CFC), *contact@cfcopies.com*.

Avant-propos

Dans tous les pays, la lutte contre l'inadéquation des compétences et des pénuries de compétences est un enjeu important pour les politiques de marché du travail et de formation en vue des changements rapides et substantiels dans les besoins de compétences. Dans la plupart des pays, une partie considérable des employeurs se plaint de ne pas pouvoir trouver des employés ayant les compétences requises. En même temps, beaucoup de diplômés de l'enseignement supérieur ont des difficultés pour trouver un emploi qui correspond à leur qualification.

Face à cet enjeu, l'OCDE s'est engagée dans un programme de travail ambitieux afin de mieux rapprocher la demande et l'offre de compétences, en mettant l'accent sur i) la compréhension de la façon dont les pays recueillent et utilisent les informations sur les besoins de compétences ; ii) l'étude des politiques du marché du travail et de formation efficaces en terme de coût pour s'attaquer aux déséquilibres de compétences ; iii) l'analyse des incitations destinées aux organismes de formation et aux participants pour répondre à l'évolution des besoins de compétences ; et iv) la construction d'une base de données sur les besoins de compétences.

Cette étude repose sur le vaste programme de travail de l'OCDE dans le domaine des compétences, y compris la Stratégie de l'OCDE sur les compétences et les stratégies nationales mises en oeuvre, l'Évaluation des compétences des adultes (PIAAC) et ses analyses poussées dans les domaines de l'inadéquation des compétences, de l'enseignement et de la formation professionnels, et de l'apprentissage sur le lieu de travail.

Cet examen des politiques fait partie d'une série de publications sur les déséquilibres de compétences qui ont pour but d'identifier les meilleures pratiques internationales pour faire face aux déséquilibres de compétences afin de minimiser les coûts pour les individus, les entreprises et la société. Ce rapport propose une analyse détaillée du système des compétences en France, conduisant à un ensemble de recommandations fondées sur des analyses et des contributions des acteurs nationaux clés.

Ce rapport a été préparé par Marieke Vandeweyer de la Division des compétences et de l'employabilité dans la Direction de l'emploi, du travail et des affaires sociales sous la supervision de Glenda Quintini (chef d'équipe de compétences) et Mark Keese (chef de la Division des compétences et de l'employabilité). Le rapport a bénéficié des commentaires utiles de Stefano Scarpetta (Directeur de la Direction de l'emploi, du travail et des affaires sociales) et de l'équipe de la Fondation JPMorgan Chase.

Ce travail a été produit avec le soutien financier de la Fondation JPMorgan Chase. Néanmoins, les opinions exprimées dans ce rapport ne peuvent en aucun cas être considérées comme reflétant la position officielle de la Fondation JPMorgan Chase.

Table des matières

Acronymes et abréviations 7
Résumé et principales recommandations 9

Chapitre 1. **Les facteurs clés de l'offre et la demande des compétences en France** 13
    Les principales tendances économiques et leur influence sur la demande de compétences 14
    Principales statistiques du marché du travail et déséquilibres en matière de compétences 16
    Offre de compétences : Niveaux d'études, de formation et de compétences 19
    Pénurie et inadéquation des compétences 24
    Notes 28
    Références 29

Chapitre 2. **Évaluation et anticipation des besoins en compétences en France** 31
    Évaluation des besoins en compétences aux niveaux national, régional et sectoriel 32
    Dispositifs d'incitation et d'aide à l'évaluation des besoins en compétences 34
    Utilisation des exercices d'évaluation des besoins en compétences dans l'élaboration
    des politiques 34
    Note 36
    Références 37

Chapitre 3. **Politiques s'attaquant aux déséquilibres en matière de compétences en France** 39
    Stimuler la demande et l'utilisation des compétences 40
    La filière générale 41
    La filière professionnelle 42
    Politiques ciblant les demandeurs d'emploi 54
    Aide à l'orientation professionnelle 58
    Migrations 61
    Notes 63
    Références 65

Chapitre 4. **Enjeux et recommandations pour la France** 67
    Coordination de l'évaluation des besoins en compétences 68
    Équité dans l'enseignement et la formation 69
    Participation à l'enseignement professionnel 71
    Qualité de la formation continue 73
    Orientation professionnelle 74
    Obstacles à la progression de carrière ou à la reconversion 75
    Utilité des politiques publiques : Sensibilisation des publics visés et accessibilité 76
    Cohérence des politiques en faveur des compétences 78
    Note 80
    Références 81

Graphiques

Graphique 1.1. Croissance du PIB en volume, France et OCDE, 1995-2016 14
Graphique 1.2. Résultats comparés des systèmes nationaux de la science et de l'innovation, France et OCDE, 2014 16
Graphique 1.3. Taux de chômage, France et OCDE, 2000-16 17
Graphique 1.4. Taux de chômage des personnes nées à l'étranger et des personnes nées dans le pays, 2015, pays de l'OCDE pour lesquels des données sont disponibles 19
Graphique 1.5. Niveau d'études de la population adulte, pays de l'OCDE, 2015 20
Graphique 1.6. Répartition par filière des élèves inscrits dans le deuxième cycle de l'enseignement secondaire, 2014 21
Graphique 1.7. Participation aux programmes d'enseignement et de formation formels et non formels pour adultes 22
Graphique 1.8. Pénuries et excédents de compétences, France 24
Graphique 1.9. Inéquation des qualifications et des domaines d'études, Europe et Afrique du Sud, 2015 27
Graphique 3.1. Demandes d'enregistrement au Répertoire national des certifications professionnelles (RNCP), 2003-15 45
Graphique 3.2. Utilisation du compte personnel de formation (CPF), 2015-17 50
Graphique 3.3. Formations financées par Pôle emploi : Composition et résultat, 2015 56
Graphique 3.4. Participation des demandeurs d'emploi aux formations, 2015-16 57

Tableaux

Tableau 1.1. Principales pénuries et principaux excédents de compétences 25
Tableau 3.1. Financement de la formation professionnelle par les employeurs 54

Acronymes et abréviations

ADEC	Actions de développement de l'emploi et des compétences
AFC	Action de formation conventionnée
AFPR	Action de formation préalable au recrutement
AIF	Aide individuelle à la formation
Bac	Baccalauréat
BAIP	Bureau d'aide à l'insertion professionnelle
BEP	Brevet d'études professionnelles
CAP	Certificat d'aptitude professionnelle
CDD	Contrat à durée déterminée
CDI	Contrat à durée indéterminée
CEP	Conseil en évolution professionnelle
CIF	Congé individuel de formation
CNCP	Commission nationale de la certification professionnelle
CPC	Commission professionnelle consultative
CPF	Compte personnel de formation
CQP	Certificat de qualification professionnelle
ESR	Enseignement supérieur et recherche
FCIL	Formation complémentaire d'initiative locale
FEST	Formation en situation de travail
FPSPP	Fonds paritaire de sécurisation des parcours professionnels
GPEC	Gestion prévisionnelle de l'emploi et des compétences
LRU	Libertés et responsabilités des universités
OPCA	Organisme paritaire collecteur agréé
PIAAC	Programme pour l'évaluation internationale des compétences des adultes
PIB	Produit intérieur brut
POE	Préparation opérationnelle à l'emploi
R-D	Recherche et développement
REC	Réseau emploi compétences
RNCP	Répertoire national des certifications professionnelles

ROME	Répertoire opérationnel des métiers et des emplois
SPE	Service public de l'emploi
TIC	Technologie de l'information et des communications
UE	Union européenne
VAE	Validation des acquis de l'expérience

Résumé et principales recommandations

Dans les pays développés, la demande de compétences ne cesse d'évoluer sous l'impulsion de grandes tendances mondiales comme les progrès technologiques, la mondialisation ou le vieillissement de la population. En France, comme dans de nombreux autres pays à revenu élevé, la composition de l'économie a considérablement changé au cours des dernières décennies, avec une montée en puissance des services. La fabrication de haute technologie et les services à forte intensité de savoir représentent une proportion élevée de la valeur ajoutée en France, ce qui témoigne d'une forte demande de compétences de haut niveau. Pour autant, si la France enregistre de bonnes performances en matière d'innovation, un écart considérable subsiste par rapport aux autres pays européens en pointe dans ce domaine. En France, le niveau d'instruction est dans la moyenne des autres pays de l'OCDE, mais les adultes ont un niveau inférieur à la moyenne de l'OCDE de compétences à l'écrit et en mathématiques, ce qui donne à penser que l'offre de compétences peut provoquer des goulets d'étranglement susceptibles de peser sur les performances économiques.

Outre des performances inférieures à la moyenne en matière de développement des compétences, la France est aussi confrontée à une sous-utilisation importante des compétences disponibles. Les nombreux chômeurs, surtout de longue durée, risquent de voir leurs compétences se déprécier, notamment compte tenu de leur accès limité à la formation. Par ailleurs, une part considérable des actifs occupés en France travaillent dans un métier qui ne correspond pas à leur niveau ou domaine d'études, ce qui signifie que leurs compétences pourraient ne pas être mises à profit de manière optimale. Le risque de dépréciation des compétences est particulièrement élevé pour les jeunes : la proportion de jeunes déscolarisés, sans emploi et ne suivant aucune formation est importante, tandis qu'un grand nombre de jeunes occupent des emplois temporaires qui offrent peu de possibilités de formation. De la même manière, les immigrés sont particulièrement touchés par la non utilisation ou la sous-utilisation des compétences, comme en témoignent des taux de chômage et de surqualification supérieurs à la moyenne.

Pour améliorer la mise en correspondance entre la demande et l'offre de compétences, la France doit investir pour développer les compétences requises sur le marché du travail, d'autant plus que la demande évolue rapidement. Pour s'attaquer aux déséquilibres en matière de compétences, il convient dans un premier temps d'évaluer précisément les besoins. Or il existe en France une multitude d'évaluations des besoins en compétences, réalisées aux niveaux national, régional ou sectoriel avec des sources et des méthodologies différentes. Les résultats de ces évaluations sont utilisés pour étayer les mesures adoptées par les pouvoirs publics en matière de formation, d'orientation professionnelle et de migration. Pour améliorer le système d'évaluation des besoins en compétences, il faudrait renforcer la coopération entre les différentes parties prenantes et s'efforcer de regrouper toutes les informations disponibles afin qu'elles soient plus accessibles pour les utilisateurs.

La France a adopté une vaste palette de mesures pour s'attaquer aux déséquilibres en matière de compétences. Sur le front de la demande, le développement des activités économiques nécessitant un haut niveau de compétences est soutenu par des plans d'investissement, des politiques visant à dynamiser la ré-industrialisation et des programmes d'accompagnement dans l'entrepreneuriat pour les étudiants. Sur le plan de l'offre, des actions sont menées dans les domaines de l'enseignement et de la formation pour les filières générales et professionnelles, de l'orientation professionnelle et des migrations. Pour que l'enseignement général soit mieux aligné sur les besoins du marché du travail, le programme a été modifié dans le secondaire et les universités se sont vues accorder davantage d'autonomie. Dans la formation professionnelle, les partenaires sociaux participent activement à la création et à l'évaluation des programmes de formation. De multiples initiatives ont été mises en place pour renforcer l'attractivité de la formation professionnelle, et des incitations ont été créées afin d'encourager les employeurs à proposer des places en apprentissage. La formation continue est encouragée et facilitée au moyen de plusieurs initiatives, comme la création du compte personnel de formation et du congé individuel de formation. De surcroît, les employeurs jouent un rôle déterminant dans la formation continue : non seulement ils offrent des possibilités de formation, mais ils contribuent aussi au financement de la formation continue. Les programmes de formation destinés aux chômeurs ont été considérablement étoffés, et le service public de l'emploi a mis au point des outils optimisés de mise en adéquation des compétences et des emplois. L'orientation professionnelle assurée à l'école a été plus étroitement alignée sur le monde du travail, tandis que les personnes qui souhaitent se reconvertir peuvent désormais bénéficier d'un accompagnement gratuit et personnalisé. Enfin, les règles qui encadrent les migrations de travail ont été assouplies pour les personnes dotées de compétences très demandées.

En dépit de l'éventail de mesures mises en place pour remédier aux déséquilibres observés en matière de compétences en France, certaines difficultés demeurent. Des inégalités persistent en matière d'accès à l'éducation et à la formation, les personnes issues de milieux défavorisés et les travailleurs peu qualifiés étant peu nombreux à se former. L'enseignement professionnel reste peu attractif aux yeux des élèves et des parents, et certaines filières professionnelles offrent des débouchés limités sur le marché du travail. Si les possibilités sont nombreuses en matière de formation continue, la qualité des programmes proposés n'est pas suffisamment garantie. Dans le domaine de l'orientation professionnelle, les informations sont éparpillées et ne s'appuient pas suffisamment sur les conclusions des évaluations réalisées pour apprécier les besoins en compétences. La progression de carrière et les reconversions sont freinées par le faible niveau de compétences élémentaires de la population active, ainsi que par une réglementation des professions trop stricte. Enfin, le manque de communication, ainsi que la complexité des différentes mesures mises en œuvre, limitent l'utilisation de certains programmes.

Les principales recommandations concernant la réduction des déséquilibres en matière de compétences en France sont répertoriées dans l'encadré ci-dessous. Des recommandations plus détaillées sont fournies au chapitre 4.

Principales recommandations

Évaluation des besoins en compétences

- Faciliter le partage de connaissances entre les parties prenantes mobilisées dans l'évaluation des besoins en compétences aux niveaux national, régional et local au moyen d'une plateforme de coordination. Le Réseau emploi compétences (REC) pourrait être renforcé afin d'assumer cette responsabilité.

- Regrouper les informations issues de sources différentes (prévisions, enquêtes, données sur les vacances d'emplois) afin de procéder à une évaluation globale des déséquilibres en matière de compétences. Présenter les informations issues de cette évaluation globale sous un format pratique, afin d'atteindre un vaste public.

Équité dans l'enseignement et la formation

- Pour atténuer l'influence du milieu socioéconomique sur les résultats scolaires, les établissements devraient assurer un accompagnement personnalisé adéquat. Les enseignants devraient recevoir une formation spécialisée en pédagogie afin de pouvoir fournir l'aide sur mesure nécessaire.

- Il faut promouvoir activement, auprès des travailleurs peu qualifiés et des chômeurs, les possibilités de formation continue existantes et les programmes de soutien disponibles. Cela doit relever de la responsabilité conjointe de l'État, des employeurs, des partenaires sociaux et du service public de l'emploi. Il faut libérer davantage de ressources au profit des personnes qui ont le plus besoin de formation, comme les travailleurs peu qualifiés ou plus âgés.

- Éliminer les obstacles non financiers à la participation à la formation continue, en mettant en place des programmes flexibles et innovants de formation des adultes. Les formations atypiques, comme les formations en modules ou les cours en ligne, pourraient être utiles aux personnes qui ne peuvent pas consacrer tout le temps qu'elles le souhaiteraient à leur formation ou à celles qui appréhendent de reprendre une formation traditionnelle en classe.

Enseignement professionnel

- Améliorer la qualité de l'enseignement professionnel, en veillant à ce que le contenu des programmes corresponde davantage aux besoins des employeurs. Assurer que les compétences des enseignants des filières professionnelles soient à jour par rapport aux pratiques en vigueur dans les entreprises. Il faut accroître la proportion d'élèves des filières professionnelles en alternance.

- Améliorer l'image de l'enseignement professionnel auprès des employeurs, des élèves et des parents. L'amélioration de la qualité des programmes devrait contribuer à redorer l'image de la filière, mais il faudrait aussi mettre en place des campagnes d'information quant aux parcours professionnels et aux débouchés de l'enseignement professionnel en termes d'emploi et de salaire.

- Étendre l'enseignement professionnel à d'autres secteurs, notamment aux secteurs émergents.

- Fournir suffisamment de places dans l'enseignement professionnel supérieur pour les diplômés des filières professionnelles du secondaire, et garantir un accompagnement pour faciliter la transition de l'enseignement professionnel secondaire au supérieur. S'assurer que les élèves sont informés des cursus disponibles dans l'enseignement professionnel.

Qualité de la formation continue

- La qualité des programmes de formation doit être réévaluée régulièrement, afin de veiller à ce que leur contenu soit pertinent et adapté aux besoins des participants. Ces derniers doivent avoir la possibilité de fournir des avis pouvant être consultés par d'autres utilisateurs potentiels.

Principales recommandations *(suite)*

- Pour veiller au succès du compte personnel de formation, les formations pouvant entrer dans le cadre de ce dispositif doivent être limitées aux programmes soumis aux contrôles de qualité approfondis et dispensés par des prestataires certifiés. Par ailleurs, les formations entrant dans le cadre du CPF doivent cibler davantage les formations qui correspondent à des besoins réels du marché du travail.

Orientation professionnelle

- Il faut créer un site web unique, réunissant les informations utiles provenant des différentes parties prenantes (régions, secteurs, service public de l'emploi). Les informations doivent être présentées sous un format simple, en respectant les meilleures pratiques existantes.

- Les conseillers du dispositif de conseil en évolution professionnelle (CEP) doivent être formés à dispenser des conseils de qualité et avoir connaissance d'ingénierie de parcours. Les conseillers du CEP doivent bénéficier d'une formation continue afin d'actualiser en permanence leur connaissance du marché du travail et des besoins de compétences. Cela renforcerait aussi leurs capacités d'orienter les individus vers les professions les plus porteuses ou émergentes.

Faciliter la progression de carrière et la reconversion

- Améliorer l'acquisition des compétences transversales, y compris les compétences élémentaires, tout au long de la scolarité obligatoire et dans l'enseignement supérieur. Veiller à ce que l'enseignement des compétences transversales fasse partie intégrante du deuxième cycle de l'enseignement secondaire professionnel. Pour entretenir les compétences élémentaires, encourager les travailleurs, surtout les moins qualifiés, à suivre régulièrement des formations aux compétences de base.

- Analyser et évaluer précisément les réglementations professionnelles existantes. Assouplir, voire supprimer, les réglementations injustifiées ou trop strictes.

Sensibilisation et accessibilité des informations

- Promouvoir activement les initiatives existantes et nouvelles, notamment auprès des personnes les moins qualifiées. Les organismes existants, comme les organismes d'orientation professionnelle et les syndicats, ainsi que les employeurs, ont un rôle crucial à jouer à cet égard.

- Présenter les informations relatives aux mesures et aux initiatives sous un format accessible et interactif, afin de permettre aux lecteurs de sélectionner uniquement les informations qui les intéressent. Expliquer les différentes étapes à suivre pour pouvoir bénéficier de ces mesures.

Cohérence des politiques en faveur des compétences

- Élaborer une approche cohérente à l'échelle de l'ensemble du système quant aux politiques en faveur des compétences. Pour ce faire, adopter les mesures suivantes : recenser les principaux objectifs du système français des compétences pour les prochaines années ; dresser le bilan des politiques existantes ; déterminer les problèmes existants et à venir ; et définir des actions à mener en priorité pour améliorer le système des compétences.

- Dans un souci de cohérence, améliorer la coordination des initiatives menées par différentes parties prenantes, compte tenu de l'importance des compétences dans de nombreux domaines. Dans ce contexte, la première étape dans l'élaboration d'un ensemble de mesures cohérent doit être de procéder à une consultation des parties prenantes concernées et de les mobiliser dans le diagnostic des problèmes, la définition des objectifs et l'élaboration d'actions cohérentes.

Chapitre 1

Les facteurs clés de l'offre et de la demande des compétences en France

> *Les déséquilibres de compétences sont liés à des facteurs structurels et cycliques qui façonnent l'offre et la demande de compétences. Par exemple, la croissance économique, les changements dans la composition de la production économique dans le temps et les « mégatendances » sont tous des facteurs macroéconomiques importants qui influencent la demande de compétences. Par ailleurs, les tendances du marché du travail, les migrations, et la situation des compétences et de l'enseignement ont un rôle important à jouer dans la définition de l'offre de compétences. Ce chapitre s'intéresse aux facteurs clés de l'offre et de la demande de compétences en France, et à la situation actuelle des déséquilibres de compétences.*

Les données statistiques concernant Israël sont fournies par et sous la responsabilité des autorités israéliennes compétentes. L'utilisation de ces données par l'OCDE est sans préjudice du statut des hauteurs du Golan, de Jérusalem Est et des colonies de peuplement israéliennes en Cisjordanie aux termes du droit international.

Les principales tendances économiques et leur influence sur la demande de compétences

La croissance économique, l'évolution progressive de la composition de la production économique et les tendances du marché du travail et des migrations sont autant de facteurs macroéconomiques importants qui influencent la demande et l'offre de compétences. Depuis le début de ce siècle, la croissance du PIB en France est relativement lente en comparaison de la moyenne des pays de l'OCDE (graphique 1.1). Alors que l'économie française a crû à un rythme plus rapide que l'ensemble de la zone OCDE pendant la majeure partie des années 90, le taux de croissance de son PIB est resté en deçà de la moyenne OCDE pendant presque toutes les années depuis 2000. Dans le contexte de la « Grande récession », l'économie nationale a accusé un repli de même ampleur que la moyenne des pays de l'OCDE, mais son redressement a été plus lent.

Graphique 1.1. Croissance du PIB en volume, France et OCDE, 1995-2016

Taux de croissance réel du PIB (en %)

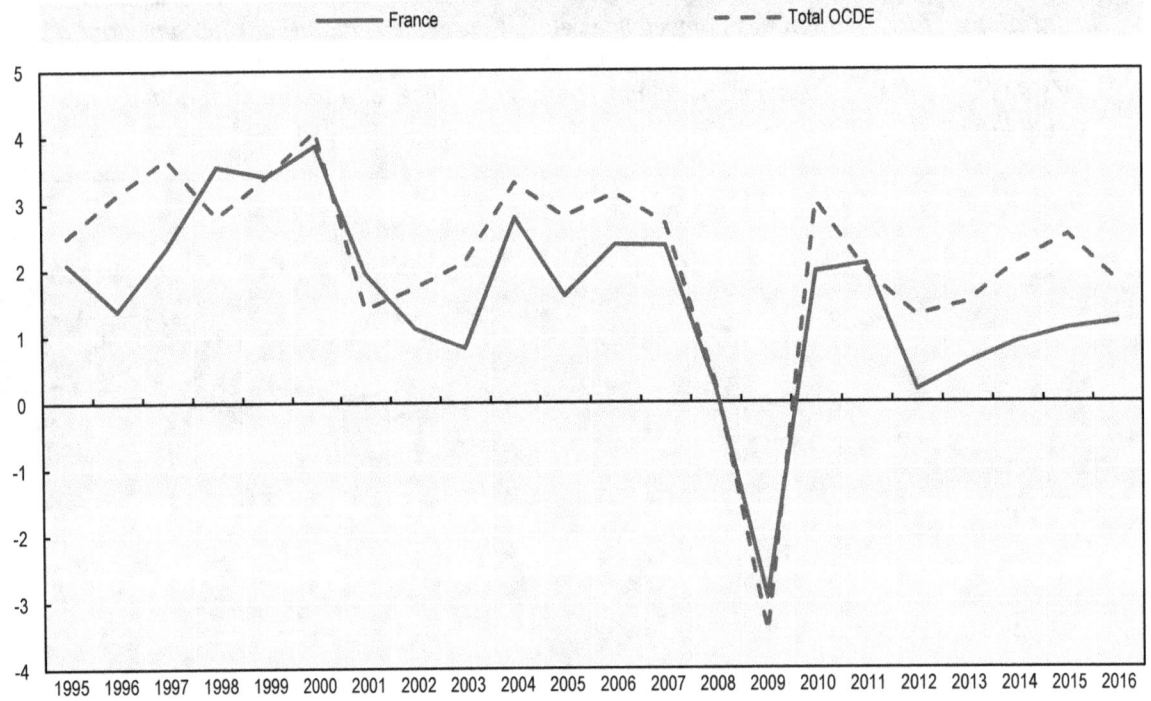

Source : Base de données de l'OCDE sur les comptes nationaux.

La structure sectorielle de la production économique française compose un tableau contrasté sur le plan de la demande de compétences de haut niveau. Le tissu industriel du pays est comparable à celui des autres pays européens. Comme dans les autres pays développés, l'importance du secteur manufacturier a fortement diminué au cours des dernières décennies. En 1980, ce secteur représentait encore environ 20 % de la valeur ajoutée totale. Depuis 2010, cependant, le processus de désindustrialisation semble s'être interrompu, la part du secteur manufacturier s'étant stabilisée à environ 11 % de la valeur ajoutée – un niveau inférieur à la moyenne de l'Union européenne de 15.6 %. La fabrication de haute technologie compte pour environ 10 % de la valeur ajoutée manufacturière en France, une part légèrement supérieure à la moyenne de l'UE-28. Toutefois, à un tout petit peu plus de 30 %, la part de la fabrication de faible technologie dans la valeur ajoutée manufacturière nationale est également supérieure à la moyenne européenne (de l'ordre de 27 %). Le poids des services, en revanche, a augmenté pour atteindre 84.2 % de la valeur ajoutée totale française en 2015. En 2014, les services à forte intensité de savoir représentaient 55 % de la valeur ajoutée des services en France, un niveau proche de la moyenne de l'UE-28. La France possède un secteur public important, qui représente 23 % de la valeur ajoutée totale. Cette part est notablement plus élevée que la moyenne de l'Union européenne (19.1 %), la France n'étant dépassée – de peu – que par le Danemark (23.1 %).

Les tendances des exportations françaises laissent deviner une demande de compétences de haut niveau relativement élevée. Les exportations et importations françaises sont dominées par les produits, et particulièrement les produits manufacturés (54 % de la valeur ajoutée totale des exportations). Environ 26 % des exportations de produits manufacturés correspondent à des produits de haute technologie, contre seulement 16.7 % dans l'ensemble des pays de l'OCDE. Les seuls autres pays de l'OCDE qui présentent une intensité d'exportations de haute technologie similaire sont la Corée et la Suisse (Indicateurs du développement dans le monde de la Banque mondiale, 2014). Les exportations de haute technologie de la France sont composées principalement de produits aérospatiaux (44 %) et de produits électroniques et de télécommunication (21 %) (Base de données sciences et technologie d'Eurostat, 2015). Au cours des dernières années, les échanges de services ont connu une croissance plus soutenue que les échanges de produits. Les exportations de services de la France sont dominées par les « Autres services commerciaux », composés à 59 % « d'Autres services aux entreprises » (Profil de pays de l'OMC).

La forte intensité d'exportations de haute technologie de la France peut être rattachée à des performances relativement solides au regard des indicateurs de la science et de l'innovation, qui à leur tour dessinent des perspectives favorables concernant la demande de compétences de haut niveau. Comme le montre le graphique 1.2, la France dépasse la valeur médiane de l'OCDE pour un certain nombre d'indicateurs de la science et de l'innovation (16 sur 22). Elle fait partie des pays les plus performants pour les « brevets déposés par les universités et les laboratoires publics » et les « abonnements au haut débit fixe ». La France consacre 2.26 % de son PIB à la R-D, ce qui est supérieur à la moyenne de l'UE-28 (1.95 %) et à peine inférieur à la moyenne de l'OCDE (2.38 %). Les dépenses (rapportées au PIB) ont progressé régulièrement d'environ 1 % par an en moyenne entre 2010 et 2014, mais le niveau d'investissement demeure inférieur à l'objectif fixé pour 2020 dans le cadre de la stratégie Europe 2020 (3 % pour la France). Le tableau de bord européen de l'innovation confirme la position relativement solide de la France, dont l'indice d'innovation est supérieur de 9 % à celui de la moyenne de l'Union européenne (Commission européenne, 2016). Malgré tout, les performances de la France en matière d'innovation sont nettement inférieures à celles des « champions de l'innovation » (Suisse, Suède, Danemark, Finlande, Allemagne et Pays-Bas).

Graphique 1.2. Résultats comparés des systèmes nationaux de la science et de l'innovation, France et OCDE, 2014

Indice de performance normalisé par rapport aux valeurs médianes dans la zone OCDE (indice médian = 100)

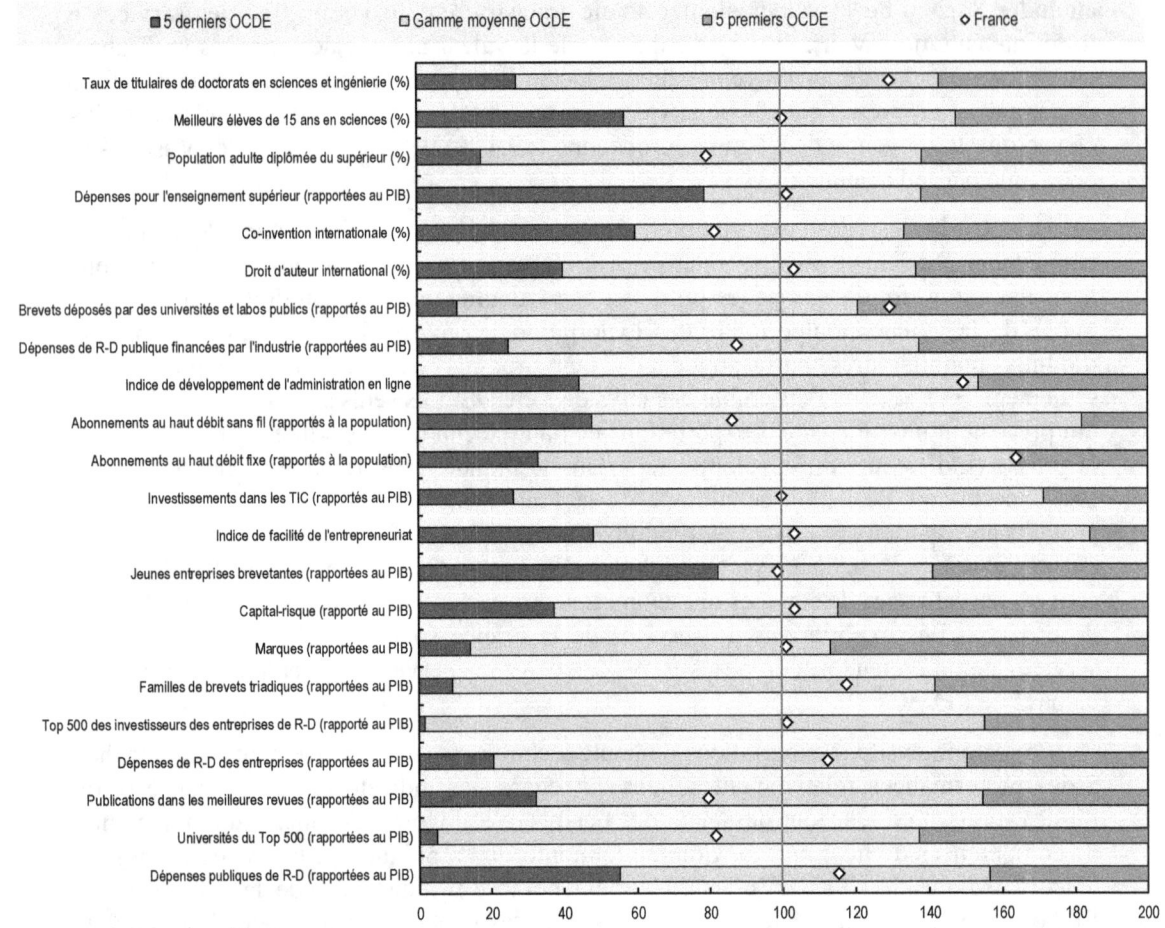

Source : OCDE (2014), *Science, technologie et industrie : Perspectives de l'OCDE 2014*, Éditions OCDE, Paris, http://dx.doi.org/10.1787/sti_outlook-2014-fr.

Principales tendances et statistiques du marché du travail

Les tendances du marché du travail reflètent la demande et l'offre de compétences dans l'économie. À la fin de 2016, le taux de chômage en France s'élevait à 10 %, un niveau considérablement supérieur à la moyenne OCDE de 6.2 %, qui traduit l'existence d'un vaste vivier de compétences inutilisées. Après avoir grimpé en flèche lors de la « Grande récession », le taux de chômage ne s'est stabilisé qu'en 2015 et a décliné modestement en 2016. La baisse devrait se poursuivre en 2017 (OCDE, 2016a). Conséquence de la lenteur de la reprise économique, l'écart de taux de chômage entre la France et l'OCDE devrait continuer de se creuser et atteindre 3.6 points de pourcentage d'ici la fin de 2017 selon les estimations. De même, l'incidence du chômage de longue durée est beaucoup plus élevée en France que dans la moyenne des pays de l'OCDE (44 % contre 33.5 % au dernier trimestre de 2015), de sorte qu'un grand nombre de chômeurs risquent de voir leurs compétences devenir obsolètes et se déprécier (graphique 1.3).

Graphique 1.3. Taux de chômage, France et OCDE, 2000-16

Taux de chômage trimestriel, corrigé des variations saisonnières (%)

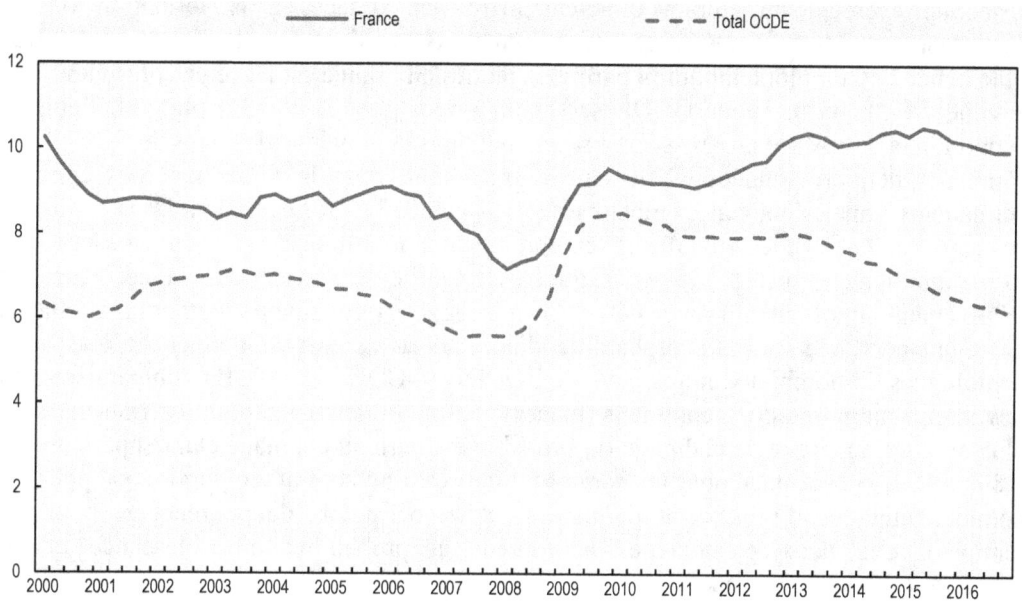

Source : Base de données de l'OCDE sur l'emploi.

L'éducation est un déterminant important du devenir professionnel. Ainsi, le taux de chômage des Français qui ont effectué des études secondaires du deuxième cycle ou des études post-secondaires non supérieures est inférieur de six points de pourcentage au taux de chômage de ceux qui n'ont pas atteint le deuxième cycle du secondaire, et chez les personnes qui ont suivi des études supérieures, le taux de chômage baisse encore de trois points de pourcentage.

Comme dans la plupart des pays, les jeunes en France ont une probabilité plus élevée d'être au chômage. En 2016, 24.6 % des personnes âgées de 15 à 24 ans étaient sans emploi en France, contre 13 % dans la moyenne des pays de l'OCDE. Le taux de chômage des jeunes est 2.8 fois plus élevé que le taux de chômage des personnes d'âge très actif (25-54 ans). Alors que le taux de chômage moyen des jeunes dans la zone OCDE recule depuis 2013, la tendance n'a pas été la même en France. Les difficultés rencontrées par les jeunes sur le marché du travail en France transparaissent également dans la proportion relativement élevée de jeunes sans emploi et sortis du système éducatif. La part de ces jeunes en France a atteint 17.1 % en 2015, ce qui est considérablement supérieur à la moyenne OCDE de 14.6 %. De plus, alors que le taux de jeunes sans emploi et sortis du système éducatif est retombé à son niveau d'avant la crise dans de nombreux pays de l'OCDE, il reste en France supérieur de 4.2 points à son niveau de 2007. Si, en France, la majorité de ces jeunes ont un niveau de formation faible (34.6 %) ou intermédiaire (47 %), la part des jeunes très qualifiés sans emploi et sortis du système éducatif y est plus élevée que dans la moyenne de l'UE-28 (18.4 % contre 15.2 %) (OCDE, 2016a). En outre, des travaux de l'OCDE (OCDE, 2016b) ont montré que les diplômés de l'enseignement supérieur (niveaux licence et master) en France avaient une probabilité plus élevée d'être sans emploi et sortis du système éducatif trois ans après avoir obtenu leur diplôme que les diplômés de la moyenne des pays analysés[1]. Ces données montrent que les personnes peu qualifiées ne sont pas les seules à éprouver des difficultés pour entrer sur le marché du travail.

Non seulement de nombreux jeunes sont au chômage, mais parmi ceux qui travaillent, beaucoup exercent un emploi qui leur offre peu d'accès à la formation ou au développement des compétences. Avec un taux vertigineux de 59.6 % en 2015, l'incidence de l'emploi temporaire parmi les jeunes en France est l'une des plus élevée de la zone OCDE, la moyenne OCDE se situant à tout juste 25 %. Qui plus est, l'emploi temporaire a davantage progressé en France que dans la moyenne des pays de l'OCDE au cours des dernières années. Cette hausse transparaît dans la faible part des contrats permanents dans les nouvelles embauches (16 % en 2013) (OCDE, 2015). Dans la plupart des pays de l'OCDE, les travailleurs temporaires sont moins susceptibles d'accéder à une formation financée par l'employeur que les travailleurs permanents, et cet écart est relativement important en France (-27.4 % en 2012). Les travailleurs temporaires français ont également une moindre probabilité d'accéder à un emploi permanent que leurs homologues de nombreux autres pays de l'OCDE (OCDE, 2014b). En comparaison des travailleurs titulaires d'un contrat permanent, les travailleurs temporaires français sont plus exposés au risque de chômage (la probabilité d'être au chômage étant supérieure de 3.8 points de pourcentage pour les hommes titulaires d'un contrat temporaire que pour les hommes titulaires d'un contrat permanent, et de 5.1 points de pourcentage pour les femmes). Ces deux phénomènes accentuent la probabilité d'obsolescence et de dépréciation des compétences.

Les migrants représentent un autre vivier de main-d'œuvre potentiel en cas de pénuries de compétences. En 2014, 12 % environ de la population française totale était née à l'étranger (contre 13 % en moyenne dans la zone OCDE). Cette part a augmenté de 1.6 point de pourcentage entre 2000 et 2013, soit une hausse plus faible que dans d'autres pays comptant une proportion comparable de migrants. La part des personnes nées à l'étranger dans un pays extérieur à l'Union européenne est plus élevée en France que dans la plupart des États membres de l'Union européenne : trois quarts environ des ressortissants français nés à l'étranger sont nés dans un pays extérieur à l'UE, la majorité en Algérie ou au Maroc. En France, les personnes nées à l'étranger dans un pays extérieur à l'UE ont un niveau d'études légèrement inférieur à celui des personnes nées à l'étranger dans un pays de l'UE. Le nombre de professions réglementées étant relativement élevé en France, il peut être difficile pour des personnes qui ont acquis leurs qualifications à l'étranger d'accéder à un emploi adapté à leurs compétences. La procédure de reconnaissance des titres est connue pour être particulièrement complexe et bureaucratique en France, et seule une petite fraction des migrants y a accès (Safi, 2014). Ces facteurs contribuent probablement au niveau de surqualification globalement plus élevé observé en France parmi les personnes nées et formées à l'étranger (41 %, contre 19 % pour les personnes nées dans le pays) (OCDE/Union européenne, 2015).

Les compétences des personnes nées à l'étranger sont largement sous-utilisées en France, comme l'atteste leur situation professionnelle, beaucoup plus précaire que celle des personnes nées en France : en 2015, le taux de chômage s'élevait à 9.5 % parmi les Français nés en France, mais à 17.4 % parmi les personnes nées à l'étranger. Cet écart de taux de chômage est plus important en France que dans la majorité des pays de l'OCDE (graphique 1.4). De même, en France, le taux d'emploi des personnes nées à l'étranger est inférieur de 9.8 points de pourcentage au taux d'emploi des personnes nées dans le pays, et l'écart est particulièrement prononcé chez les femmes. Plus préoccupant encore en termes d'utilisation des compétences, dans le groupe des 25-64 ans, l'écart de taux d'emploi est plus élevé chez les personnes à compétences moyennes (12.8 points de pourcentage) et élevées (13.9 points de pourcentage) que chez les personnes à compétences faibles (5.6 points de pourcentage), ce qui dénote des difficultés pour faire reconnaître les compétences acquises à l'étranger. C'est pour les migrants arrivés récemment que l'écart avec les personnes nées dans le pays est le plus béant, la situation des migrants sur le marché du travail s'améliorant à mesure qu'augmente la durée passée dans le pays (Simon et Steichen, 2014).

Graphique 1.4. Taux de chômage des personnes nées à l'étranger et des personnes nées dans le pays, 2015, pays de l'OCDE pour lesquels des données sont disponibles

Taux de chômage, personnes de 15-64 ans (en %)

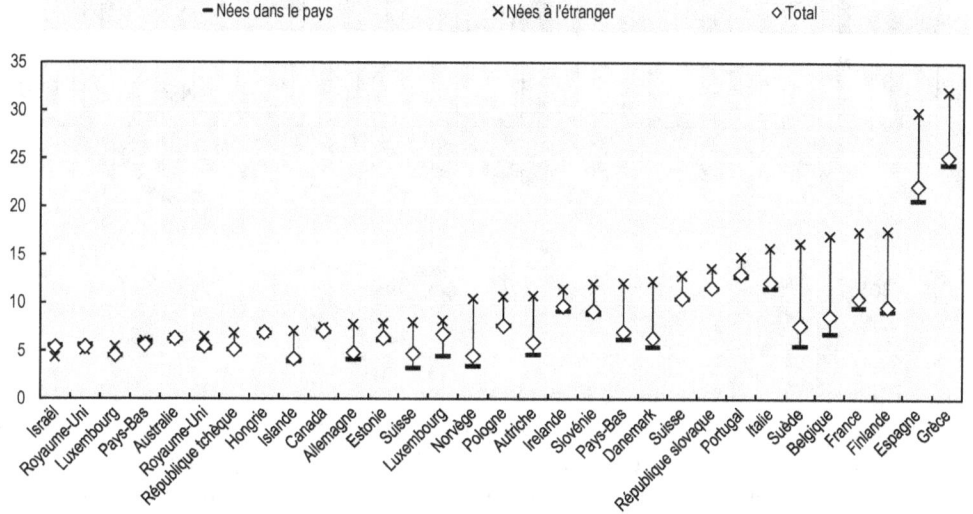

Source : Statistiques de l'OCDE sur les migrations

Principales tendances et statistiques du niveau d'études, de la formation et des compétences

Outre les tendances du marché du travail, l'offre de compétences dépend également de la disponibilité et de la qualité des formations. Si le niveau d'études en France est proche de la moyenne OCDE, les tests d'évaluation des compétences indiquent que la part des jeunes et des adultes ayant un faible niveau de compétences élémentaires y est plus élevée que dans la plupart des autres pays de l'OCDE. Les possibilités de formation offertes aux adultes sont également limitées, en particulier pour les personnes ayant de faibles compétences.

Le niveau de formation de la population adulte française est moyen en comparaison d'autres pays de l'OCDE (voir graphique 1.5). En 2015, 33.5 % des adultes (25-64 ans) en France avaient fait des études supérieures – une proportion considérablement plus faible qu'au Canada, en Corée, aux États-Unis et en Israël, où environ 50 % des adultes possèdent un diplôme d'études supérieures. De plus, en 2015, plus d'un adulte français sur cinq n'était pas parvenu au terme du deuxième cycle de l'enseignement secondaire. Le tableau est un peu moins sombre pour les jeunes générations : 45 % des adultes français âgés de 25 à 34 ans ont suivi des études supérieures (contre 42 % en moyenne dans la zone OCDE), et seulement 13 % n'ont pas de qualification du deuxième cycle de l'enseignement secondaire (16 % dans la zone OCDE).

Graphique 1.5. Niveau d'études de la population adulte, pays de l'OCDE, 2015

En pourcentage de la population âgée de 25 à 64 ans

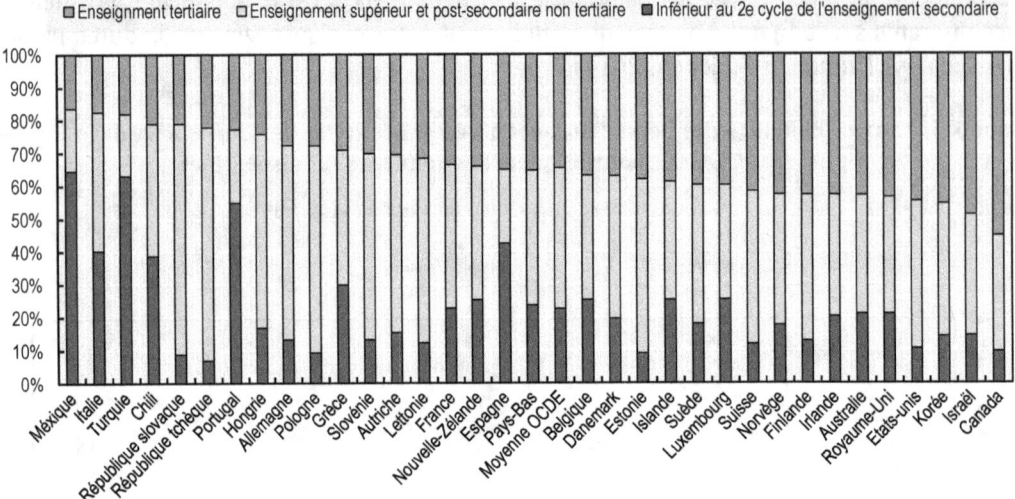

Source : OCDE (2016), *Regards sur l'éducation 2016: Les indicateurs de l'OCDE*, Éditions OCDE, Paris, http://dx.doi.org/10.1787/eag-2016-fr.

Les filières professionnelles de l'enseignement secondaire ou de l'enseignement post-secondaire non tertiaire sont souvent conçues pour préparer les élèves à entrer dans la vie active. En moyenne, dans les pays de l'OCDE, les individus diplômés de ces niveaux d'enseignement affichent un taux de chômage moins élevé s'ils ont opté pour la filière professionnelle (7.7 %) plutôt que pour la filière générale (8.3 %). En France, les élèves peuvent s'inscrire dans une filière professionnelle à l'âge de 16 ans, après avoir terminé le premier cycle de l'enseignement secondaire (12-15 ans)[2]. Ils ont alors le choix entre un enseignement professionnel en milieu scolaire ou une formation en alternance. La filière professionnelle prépare à des diplômes de niveau V (*certificat d'aptitude professionnelle*, CAP)[3] et de niveau IV (*bac professionnel* et *brevet professionnel*)[4]. En 2015, 27 % des élèves inscrits dans le deuxième cycle du secondaire suivaient un enseignement professionnel en milieu scolaire, et cette part est restée relativement stable au cours des dernières années. En termes d'origine sociale, les élèves de l'enseignement professionnel diffèrent considérablement des élèves de l'enseignement général et technologique : 56.7 % (36 %) des élèves suivant un enseignement professionnel en milieu scolaire public (privé) sont issus d'un milieu défavorisé, contre seulement 29 % (12.4 %) des élèves de l'enseignement général et technologique. Les élèves suivant une formation en alternance représentaient 11 % de l'ensemble des élèves de l'enseignement secondaire du deuxième cycle. Le nombre d'élèves suivant une formation en alternance dans le secondaire a diminué ces dernières années, alors que dans les niveaux supérieurs, l'alternance s'est diffusée. En comparaison des autres pays de l'OCDE, et plus particulièrement des pays européens, la fréquentation des filières professionnelles est relativement faible en France (graphique 1.6).

Graphique 1.6. Répartition par filière des élèves inscrits dans le deuxième cycle de l'enseignement secondaire, 2014

En pourcentage de l'ensemble des élèves inscrits dans le deuxième cycle de l'enseignement secondaire

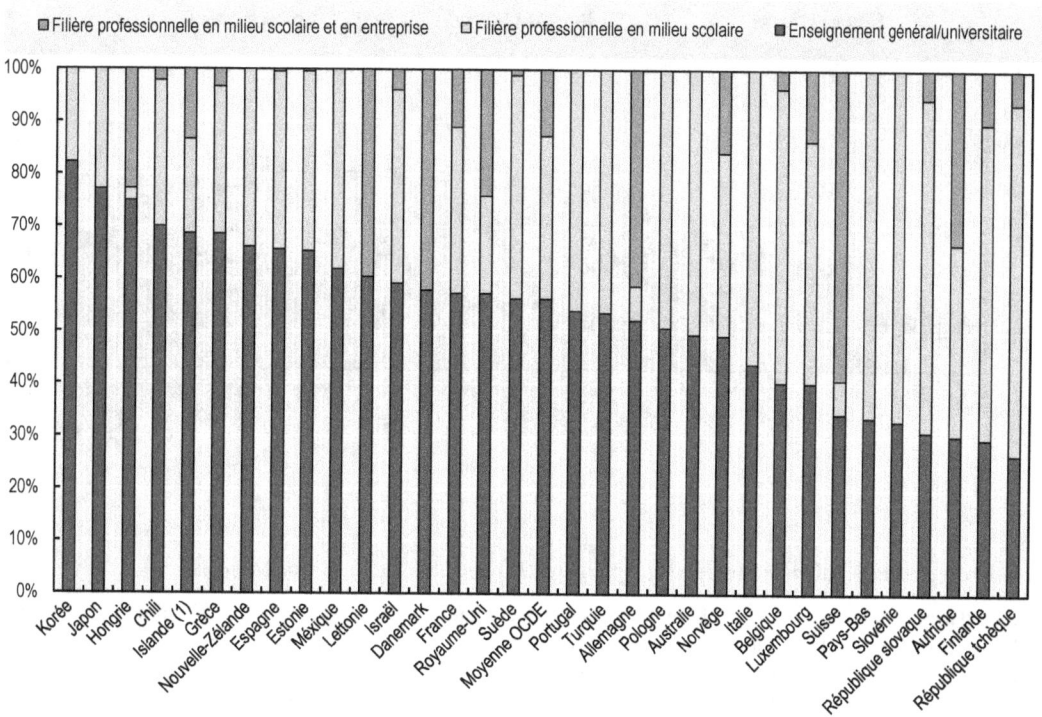

Note : Lorsqu'il n'existe pas de données distinctes sur les programmes d'enseignement professionnel en milieu scolaire et en milieu professionnel, les élèves de cette catégorie sont classés dans les programmes en milieu scolaire.

1. Données de 2013 pour l'Islande.

Source : OCDE, *Base de données de Regards sur l'éducation.*

Lorsqu'ils ont quitté le système de formation initiale, les adultes peuvent maintenir à jour ou perfectionner leurs compétences en suivant un programme d'enseignement ou de formation pour adultes. Le graphique 1.7 représente le niveau de la participation aux programmes d'enseignement et de formation formels et non formels pour adultes dans un certain nombre de pays de l'OCDE. En France, la participation est faible, aussi bien dans les formations liées à l'emploi que dans celles non liées à l'emploi. Seulement 36 % des adultes français ont pris part à une formation pour adultes dans les 12 mois précédant l'enquête, alors que dans les pays les plus performants (Norvège, Pays-Bas, Suède, Finlande, Danemark et Nouvelle-Zélande), la proportion dépasse 60 %. Comme dans la plupart des pays, la participation aux programmes de formation pour adultes en France est particulièrement réduite parmi les personnes à faible niveau de compétences (17 %). Elle est relativement faible également parmi les seniors (45 ans et plus, 28 %). Par ailleurs, le Cedefop (Cedefop, 2015a) relève un écart de participation important en France entre les salariés des microentreprises et ceux qui travaillent dans une entreprise plus grande.

Graphique 1.7. Participation aux programmes d'enseignement et de formation formels et non formels pour adultes

En pourcentage de la population d'âge actif

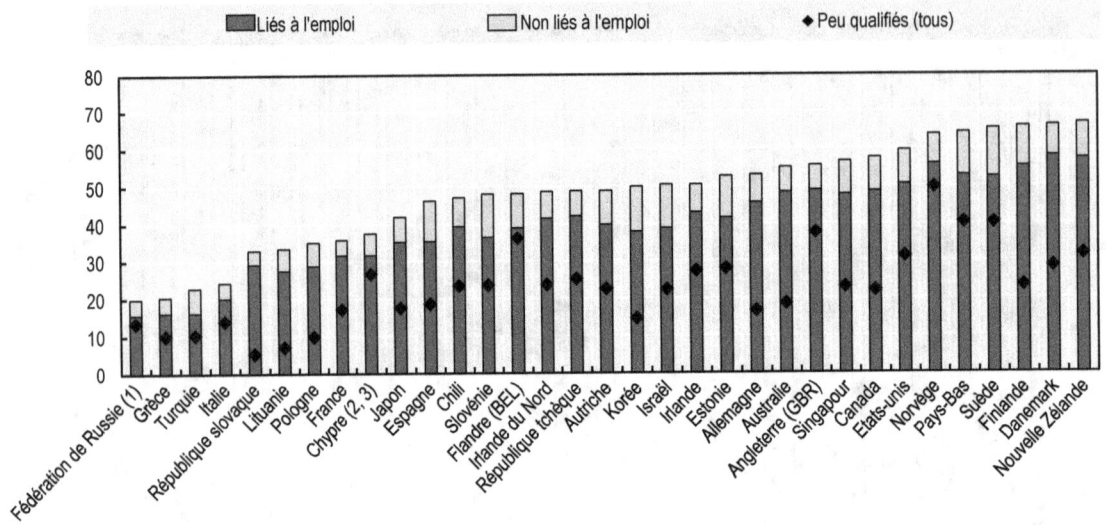

1. L'échantillon pour la Fédération de Russie ne comprend pas la population de la ville de Moscou.

2. Note de la Turquie: Les informations figurant dans ce document qui font référence à « Chypre » concernent la partie méridionale de l'Ile. Il n'y a pas d'autorité unique représentant à la fois les Chypriotes turcs et grecs sur l'Ile. La Turquie reconnaît la République Turque de Chypre Nord (RTCN). Jusqu'à ce qu'une solution durable et équitable soit trouvée dans le cadre des Nations Unies, la Turquie maintiendra sa position sur la « question chypriote ».

3. Note de tous les États de l'Union européenne membres de l'OCDE et de l'Union européenne : La République de Chypre est reconnue par tous les membres des Nations Unies sauf la Turquie. Les informations figurant dans ce document concernent la zone sous le contrôle effectif du gouvernement de la République de Chypre.

Source : Calculs effectués par l'auteur à partir du PIAAC.

Si l'on examine non plus le niveau de formation mais le niveau de compétences de la population adulte, le tableau s'assombrit. Selon les données de l'Évaluation des compétences des adultes (PIAAC), sur les 24 pays participant à l'enquête, la France se classe parmi ceux où les compétences en numératie et littératie sont les plus faibles. Plus spécifiquement, la part des adultes dont les compétences en littératie et/ou numératie se situent à un niveau inférieur ou égal au niveau le plus bas est supérieure à la moyenne. Le faible niveau de compétences de la population adulte française s'explique en grande partie par les faibles compétences des 45-65 ans. Si l'on exclut ce groupe d'adultes plus âgés, le fossé entre la France et la moyenne de l'OCDE s'efface presque complètement. Le moindre niveau de compétences des seniors s'explique par un effet d'âge, c'est-à-dire par la détérioration des compétences liée au vieillissement (d'autant plus marqué que la participation aux programmes de formation pour adultes est faible), et par un effet de cohorte, lié au fait que le niveau de formation des seniors est plus faible. En s'appuyant sur les données d'une autre étude française sur les compétences nationales (Information et vie quotidienne, IVQ), Murat et Rocher (Murat et Rocher, 2016) montrent que l'effet de l'âge est plus prononcé que l'effet générationnel. Quoi qu'il en soit, cette situation est préoccupante car les adultes à compétences faibles ont moins de possibilités de se former que les personnes à compétences plus élevées ou les personnes plus jeunes.

En France, le niveau de compétences d'une personne dépend davantage de son niveau de formation et de celui de ses parents que dans le pays de l'OCDE moyen. Le score des adultes français n'ayant pas atteint le deuxième cycle du secondaire au test de littératie est plus faible de 11 % au score des individus ayant atteint ce niveau et plus faible de 21 % au score des diplômés de l'enseignement supérieur (contre 9.5 % et 17 % dans le pays moyen). Ces écarts relativement importants pourraient être dus à la qualité de l'enseignement, à la nature des systèmes de formation des adultes et aux différences des modes de participation aux activités éducatives. Le score des adultes français dont les parents n'ont pas atteint le deuxième cycle du secondaire au test de littératie est inférieur d'environ 9 % au score des adultes dont au moins un des parents a atteint le deuxième cycle du secondaire et inférieur de 16 % au score des adultes dont au moins un des parents a fait des études supérieures (contre 8.5 % et 14 % dans le pays moyen) (OCDE, 2013).

En ce qui concerne les compétences non plus des adultes mais des enfants, l'enquête PISA de l'année 2015 observe que les élèves français ont des compétences en mathématiques et en sciences comparables à la moyenne de l'OCDE, et des compétences à l'écrit très légèrement supérieures à la moyenne. Après une décroissance substantielle des scores des élèves français en mathématiques entre 2003 et 2006, les scores sont restés stables entre 2006 et 2015. Les compétences à l'écrit étaient à la baisse entre 2000 et 2006, mais se sont améliorées progressivement dans les tests suivants. En revanche, les scores en sciences sont stables depuis le premier test mené en 2006. Comme pour les adultes, le niveau de compétences des enfants est très dépendant de l'origine socioéconomique, et plus encore en France que dans d'autres pays de l'OCDE. Qui plus est, l'influence des facteurs socioéconomiques sur les résultats scolaires s'est accrue au fil du temps, de sorte que le système éducatif français est plus inégalitaire aujourd'hui qu'il ne l'était en 2003 (OCDE, 2012). Borgonovi et al. (2017) montrent que ces disparités socioéconomiques des compétences chez les élèves de 15 ans ont tendance à se creuser au début de l'âge adulte, les jeunes issus de milieux défavorisés étant plus susceptibles de quitter l'enseignement secondaire sans diplôme, moins susceptibles de suivre des études supérieures, et plus susceptibles d'être au chômage, inactifs ou d'occuper un emploi peu qualifié.

La France se caractérise également par des écarts de niveaux de formation et de compétences importants entre personnes nées en France et personnes nées à l'étranger. Alors que 24 % seulement des Français nés en France ont un faible niveau de formation, cette part atteint 43 % chez ceux nés à l'étranger (OCDE/Union européenne, 2015). Cet écart (19 points de pourcentage) est beaucoup plus marqué que dans la moyenne des pays de l'OCDE (1 point de pourcentage), et seuls l'Allemagne, les États-Unis et la Suisse affichent des disparités du même ordre. En outre, dans de nombreux pays de l'OCDE, l'écart est négatif. De la même manière, en France, les personnes nées à l'étranger sont moins susceptibles d'avoir fait des études supérieures que les personnes nées en France (-4 points de pourcentage de différence), alors que c'est l'inverse dans la moyenne des pays de l'OCDE (+5 points de pourcentage de différence). Dans tous les pays qui participent à l'Évaluation des compétences des adultes (PIAAC), les personnes nées à l'étranger obtiennent de moins bons scores aux tests de littératie que les personnes nées dans le pays (OCDE, 2016c), mais l'écart est plus important en France (47 points) que dans le pays de l'OCDE moyen (30.5 points). Les résultats du PISA confirment cette tendance pour les élèves de l'enseignement secondaire : l'écart entre la proportion d'élèves peu performants parmi les élèves nés à l'étranger et la proportion correspondante parmi les élèves nés en

France est plus élevé en France que dans l'ensemble de la zone OCDE (OCDE/Union européenne, 2015).

En 2015, les dépenses consacrées à l'éducation en France s'élevaient à 6.8 % du PIB. Les dépenses sont financées par les institutions publiques à 84 %, les ménages et les employeurs n'en acquittant respectivement que 7.8 % et 8.5 %. La plus grande part des dépenses est consacrée à l'enseignement secondaire (39.4 %), suivi par l'enseignement préscolaire et primaire (28.8 %) et l'enseignement supérieur (20.3 %). Les 11.5 % restants sont affectés à la formation extrascolaire et à la formation continue. C'est dans l'enseignement supérieur et dans le deuxième cycle de l'enseignement secondaire que les dépenses par élève sont les plus élevées. Néanmoins, les dépenses par élève dans l'enseignement préscolaire et primaire ont fortement augmenté au cours des dernières années (DEPP, 2016).

Pénurie, excédent et inadéquation des compétences

Lorsque la demande et l'offre de compétences ne sont pas équilibrées, certaines compétences viennent à manquer tandis que d'autres sont en excédent. La *Base de données de l'OCDE sur les compétences pour l'emploi* contient des informations sur les pénuries et les excédents observés pour un large éventail de compétences. Le graphique 1.8 montre que la France connaît un certain degré de pénurie pour la majorité des compétences, seules quelques aptitudes physiques (par exemple, l'endurance, la force physique et la souplesse) et la connaissance des services de santé étant en excédent. Les pénuries les plus aiguës concernent l'éducation, l'ingénierie et la technologie, mais aussi des compétences plus transversales telles que la communication verbale, la résolution de problèmes complexes et la gestion.

Graphique 1.8. Pénuries et excédents de compétences, France

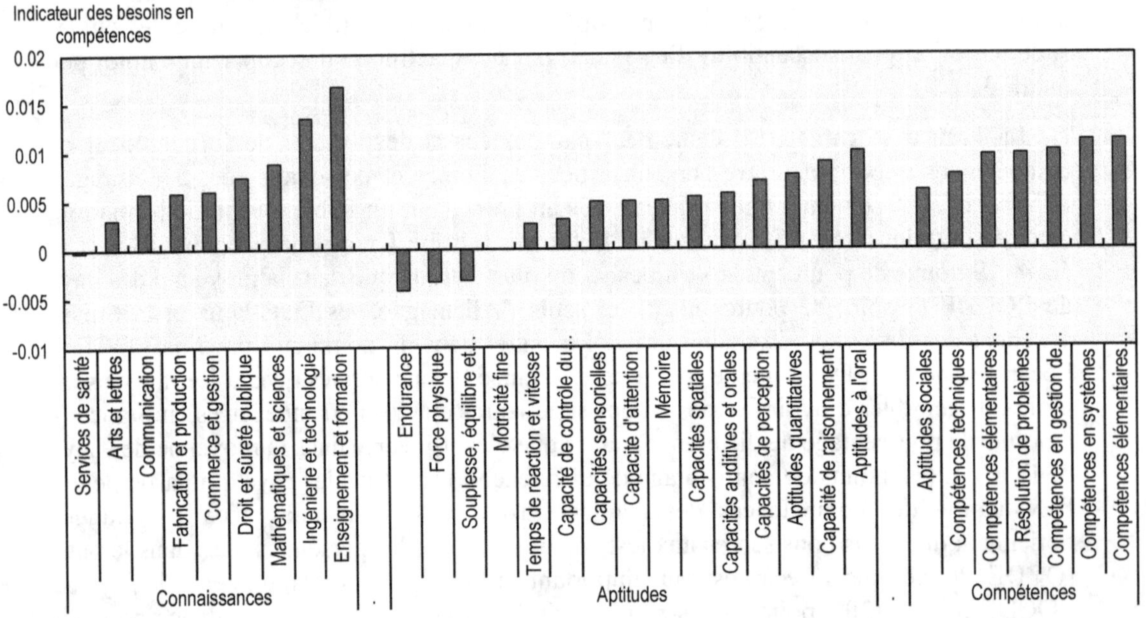

Note : Les valeurs positives correspondent à des pénuries et les valeurs négatives à des excédents. Les données portent sur la dernière année disponible (2013).

Source : *Base de données de l'OCDE sur les compétences pour l'emploi*.

Un gros plan sur les besoins en compétences plus détaillés représentés sur le graphique 1.8 permet de constater que les principaux secteurs en pénurie en France sont les connaissances techniques et les compétences et aptitudes cognitives de niveau supérieur (tableau 1.1). Les excédents, pour leur part, ne concernent que les aptitudes physiques principalement liées aux tâches manuelles, les connaissances en vente et en marketing, ainsi que les connaissances en thérapie et conseil.

Tableau 1.1. Principales pénuries et principaux excédents de compétences

Cinq principales connaissances, aptitudes et compétences en pénurie ou excédent

Connaissances	Aptitudes	Compétences
Pénuries		
Enseignement et formation	Raisonnement déductif	Gestion du personnel
Mécanique	Expression écrite	Stratégies d'apprentissage
Informatique et électronique	Sensibilité aux problèmes	Fourniture d'instructions
Ingénierie, mécanique et technologie	Expression orale	Évaluation des systèmes
Administration et gestion	Compréhension écrite	Analyse des systèmes
Excédents		
Vente et marketing	Souplesse d'extension	
Thérapie et conseil	Force thoracique	
	Force statique	
	Endurance	
	Force dynamique	

Source : Base de données de l'OCDE sur les compétences pour l'emploi.

Les données de la *Base de données de l'OCDE sur les compétences pour l'emploi* s'appuient sur des informations quantitatives relatives à l'emploi, aux salaires et à la concurrence qui s'exerce sur les talents. Les autres évaluations des pénuries de compétences reposent généralement sur les données d'enquêtes consacrées aux difficultés de recrutement perçues par les employeurs. Les résultats des différentes enquêtes sont peu cohérents entre eux, dans la mesure où, bien souvent, la ou les questions sur les pénuries ne sont pas formulées de la même manière (Commission européenne – DG Emploi, 2015) et où ces enquêtes reposent par définition sur des informations subjectives. Par exemple, d'après les résultats de l'édition 2015 de l'enquête mondiale de Manpower sur la pénurie de talents, 29 % des employeurs français déclaraient éprouver des difficultés à pourvoir leurs postes vacants. Cette part est inférieure à la moyenne mondiale (38 %), ce qui donne à penser que les pénuries de compétences sont moins aiguës en France que dans nombre d'autres pays. D'après les données déclarées, les principaux métiers en pénurie sont les ouvriers qualifiés, les chauffeurs et le personnel administratif (secrétaires, assistants personnels, réceptionnistes, assistants administratifs et employés de bureau). D'un autre côté, la dernière Enquête sur les entreprises en Europe (2013) indique qu'environ 50 % des employeurs interrogés éprouvent des difficultés pour trouver du personnel ayant les compétences requises, une proportion supérieure à la moyenne de l'Union européenne de 39 % (Cedefop, 2015b). Par ailleurs, les secteurs dans lesquels cette enquête observe des pénuries diffèrent de ceux identifiés par l'enquête de Manpower : d'après ses résultats, c'est dans l'industrie, le commerce de gros, la vente au détail, le secteur alimentaire et l'hébergement que les compétences sont en tension. Même à l'échelon national, les enquêtes aboutissent à des conclusions contradictoires. Au niveau national, une enquête à grande échelle (Besoins en main-d'œuvre) montre que 32.4 % des employeurs français anticipaient des difficultés de recrutement en 2016, principalement pour les métiers

« ingénieurs et R-D », « aides à domicile et aides ménagères » et « cuisiniers ». Néanmoins, une enquête plus restreinte constatait que 11 % seulement des employeurs étaient confrontés à des difficultés de recrutement au cours du premier trimestre de 2016 (MEDEF, 2016).

La *Base de données de l'OCDE sur les compétences pour l'emploi* fournit des informations non seulement sur les compétences et les métiers en pénurie et en excédent, mais aussi sur l'ampleur d'inadéquation. L'inadéquation est mesurée en termes de qualifications (le plus haut niveau de scolarité atteint) et en termes de domaines d'études. Les données montrent qu'en 2015, 35.1 % des salariés français exerçaient un métier pour lequel ils n'avaient pas de qualification adéquate (graphique 1.9). Environ 23.4 % des salariés exercent un métier pour lequel un niveau de qualification plus élevé est normalement exigé – autrement dit, ils sont sous-qualifiés pour ce métier. Et 11.7 % exercent un métier qui demande normalement un niveau de qualification inférieur (surqualification). Le niveau d'inadéquation des qualifications en France est proche de la moyenne de l'Union européenne, mais la France affiche l'un des niveaux de sous-qualification les plus élevés. L'inadéquation en termes de domaines d'études, qui s'applique aux personnes qui travaillent dans un domaine ne correspondant pas à la discipline dans laquelle elles se sont spécialisées pendant leurs études, est légèrement plus élevée en France (35.1 %) que dans la moyenne des États membres de l'Union européenne (33.6 %). L'inadéquation des domaines d'études n'est pas nécessairement un problème si elle résulte du fait que les travailleurs ont la possibilité d'utiliser leurs compétences dans plusieurs domaines différents – c'est-à-dire si leurs compétences sont transférables. Néanmoins, pour de nombreux adultes, l'inadéquation du domaine d'études s'accompagne d'une surqualification. On peut donc supposer que les demandeurs d'emploi finissent par accepter des emplois pour lesquels ils sont surqualifiés, notamment parce que dans leurs domaine d'études, les compétences sont en excédent. Une publication de l'OCDE (OCDE, 2017) montre qu'en France, 26 % des personnes en situation d'inadéquation au regard du domaine d'études sont également en inadéquation en termes de qualifications, la majorité étant surqualifiées (20 %).

Il existe une autre source de données sur l'inadéquation, plus spécifiquement ciblée sur l'inadéquation des compétences : l'Évaluation des compétences des adultes (PIAAC), qui montre que seulement 10.3 % des adultes en France occupent un emploi ne correspondant pas à leurs compétences en littératie, contre une moyenne de 14.6 % dans l'OCDE. Comme dans la plupart des autres pays évalués, la surcompétence (6.7 %) est plus fréquente que la sous-compétence (3.6 %). La probabilité d'être surcompétent en littératie diminue avec l'âge, le degré de surcompétence des 45-54 ans étant 9.5 points de pourcentage plus bas que celui des 25-44 ans. De même, en France, les personnes nées à l'étranger sont moins susceptibles d'être surcompétentes que les personnes nées dans le pays (5.4 points de pourcentage). Enfin, les hommes sont légèrement plus surcompétents que les femmes (OCDE, 2016b).

Graphique 1.9. Inadéquation des qualifications et des domaines d'études, Europe et Afrique du Sud, 2015

Part des salariés, 15-64 ans (%)

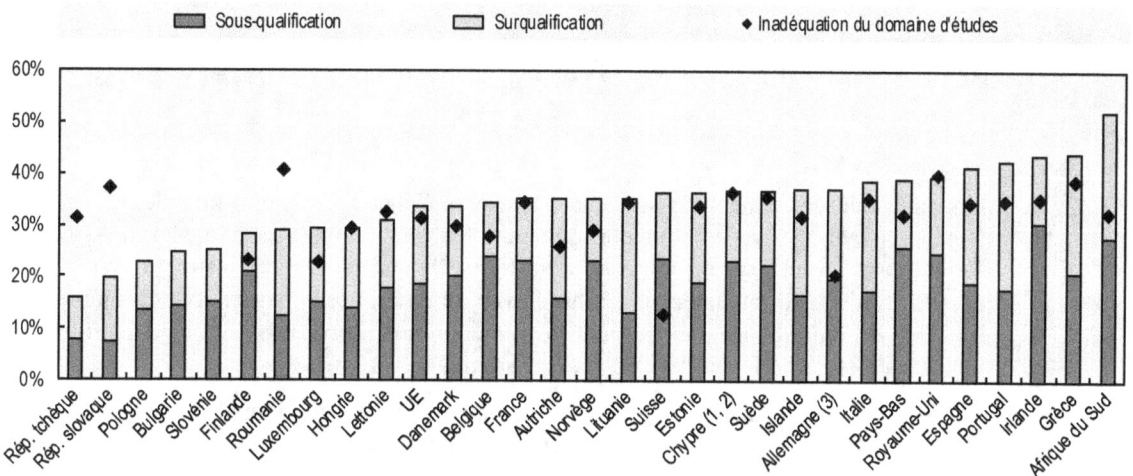

Note : Pour la Pologne, la Bulgarie et la Slovénie, les données sur l'inadéquation des domaines d'études ne sont pas disponibles.

1. Note de la Turquie: Les informations figurant dans ce document qui font référence à « Chypre » concernent la partie méridionale de l'Ile. Il n'y a pas d'autorité unique représentant à la fois les Chypriotes turcs et grecs sur l'Ile. La Turquie reconnaît la République Turque de Chypre Nord (RTCN). Jusqu'à ce qu'une solution durable et équitable soit trouvée dans le cadre des Nations Unies, la Turquie maintiendra sa position sur la « question chypriote ».

2. Note de tous les États de l'Union européenne membres de l'OCDE et de l'Union européenne : La République de Chypre est reconnue par tous les membres des Nations Unies sauf la Turquie. Les informations figurant dans ce document concernent la zone sous le contrôle effectif du gouvernement de la République de Chypre.

Source : Base de données de l'OCDE sur les compétences pour l'emploi.

Notes

1. Les pays analysés étaient les suivants : Autriche, Canada, Estonie, Finlande, France, Islande, Israël, Norvège, Nouvelle-Zélande, Royaume-Uni, Suède et Turquie. La Turquie est le seul pays où la proportion de jeunes sans emploi et sortis du système éducatif titulaires d'une licence est plus élevée qu'en France ; s'agissant des diplômés titulaires d'un master, la part des jeunes sans emploi et sortis du système éducatif est plus élevée en Turquie, en Autriche et en Estonie.

2. Le deuxième cycle de l'enseignement secondaire non professionnel comprend une filière générale (bac général) et une filière technologique (bac technologique).

3. Jusqu'en 2011, il était possible d'obtenir un autre diplôme d'enseignement professionnel de niveau V, le brevet d'études professionnelles (BEP).

4. D'autres types de formation préparent à des diplômes d'enseignement professionnel secondaire de deuxième cycle de niveau V ou IV, mais ils ne concernent qu'une très petite fraction des élèves.

Références

Borgonovi, F. et al. (2017), « Youth in Transition: How Do Some of the Cohorts Participating in PISA Fare in PIAAC? », *Documents de travail de l'OCDE sur l'éducation*, n° 155, Éditions OCDE, Paris, http://dx.doi.org/10.1787/51479ec2-en..

Cedefop (2015a), « Unequal Access to Job-Related Learning: Evidence from the Adult Education Survey », *Cedefop Research Paper*, n° 52.

Cedefop (2015b), *Skill Shortages and Gaps in European Enterprises: Striking a Balance Between Vocational Education and Training, and the Labour Market*, Office des publications, Luxembourg.

Commission européenne (2016), *Tableau de bord européen de l'innovation 2016*, Union européenne, Bruxelles.

Commission européenne – DG Emploi (2015), « Measuring Skills Mismatch », *Analytical Web Note*, n° 7/2015.

DEPP – Direction de l'évaluation, de la prospective et de la performance (2016), « Près de 7 % du PIB consacrés à l'éducation », *Note d'information*, n° 32.

MEDEF – Mouvement des entreprises de France (2016), *Les difficultés de recrutement au 1er trimestre de 2016*, Observatoire TEC.

Murat, F. et T. Rocher (2016), « L'évolution des compétences des adultes : Effet " génération " et effet " cycle de vie " », *Économie et statistique*, n° 490.

OCDE (2017), *Getting Skills Right: Skills for Jobs Indicators*, Éditions OCDE, Paris, http://dx.doi.org/10.1787/9789264277878-en.

OCDE (2016a), *Perspectives de l'emploi de l'OCDE 2016*, Éditions OCDE, Paris, http://dx.doi.org/10.1787/empl_outlook-2016-fr.

OCDE (2016b), *Regards sur l'éducation 2016: Les indicateurs de l'OCDE*, Éditions OCDE, Paris, http://dx.doi.org/10.1787/eag-2016-fr.

OCDE (2016c), *L'importance des compétences: Nouveaux résultats de l'évaluation des compétences des adultes*, Éditions OCDE, Paris, http://dx.doi.org/10.1787/9789264259492-fr.

OCDE (2015), *Études économiques de l'OCDE : France 2015*, Éditions OCDE, Paris, http://dx.doi.org/10.1787/eco_surveys-fra-2015-fr.

OCDE (2014a), *Science, technologie et industrie : Perspectives de l'OCDE 2014*, Éditions OCDE, Paris, http://dx.doi.org/10.1787/sti_outlook-2014-fr.

OCDE (2014b), *Perspectives de l'emploi de l'OCDE 2014*, Éditions OCDE, Paris, http://dx.doi.org/10.1787/empl_outlook-2014-fr.

OCDE (2013), *Perspectives de l'OCDE sur les compétences 2013: Premiers résultats de l'Evaluation des compétences des adultes*, Éditions OCDE, Paris, http://dx.doi.org/10.1787/9789264204096-fr.

OCDE (2012), *Principaux résultats de l'Enquête PISA 2012 : Ce que les élèves de 15 ans savent et ce qu'ils peuvent faire avec ce qu'ils savent*, Éditions OCDE, Paris, https://www.oecd.org/pisa/keyfindings/pisa-2012-results-overview-FR.pdf.

OCDE/Union européenne (2015), *Les indicateurs de l'intégration des immigrés 2015 : Trouver ses marques*, Éditions OCDE, Paris, http://dx.doi.org/10.1787/9789264233799-fr.

Safi, M. (2014), *Shifting Focus: Policies to Support the Labour Market Integration of New immigrants in France*, Migration Policy Institute et Organisation internationale du Travail, Washington, DC.

Simon, P. et E. Steichen (2014), *Slow Motion: The Labor Market Integration of Immigrants in France*, Migration Policy Institute et Organisation internationale du Travail, Washington, DC et Genève.

Références des bases de données

Base de données de l'OCDE sur les compétences pour l'emploi, https://data.oecd.org/fr/emploi.htm.

Base de données de l'OCDE sur les comptes nationaux, http://dx.doi.org/10.1787/na-data-fr.

Base de données de l'OCDE sur l'emploi, http://dx.doi.org/10.1787/lfs-data-fr.

Base de données de Regards sur l'éducation, http://dx.doi.org/10.1787/eag-data-fr.

Chapitre 2

Évaluation et anticipation des besoins en compétences en France

Pour pouvoir élaborer des politiques qui s'attaquent effectivement aux déséquilibres de compétences actuels ou anticipés, la demande et l'offre de compétences doivent être analysées soigneusement. Les résultats de ces analyses peuvent avoir des répercussions sur les politiques, comme les politiques d'enseignement et de formation, les politiques de travail et les politiques migratoires, pour mieux les adapter aux besoins du marché du travail. Ce chapitre étudie les différents exercices d'analyse des besoins de compétences mis en place en France, les dispositifs d'appui pour encourager et faciliter les évaluations à l'échelon des entreprises, et les principaux usages des informations sur les besoins de compétences.

Pour mettre en œuvre des politiques à même de corriger les déséquilibres en termes de compétences, il est impératif de bien comprendre au préalable les mécanismes de l'offre et de la demande de compétences. C'est pourquoi les pays doivent élaborer des procédures adéquates d'évaluation et d'anticipation des besoins en compétences. On observe des différences notables entre les pays sur le plan des méthodes utilisées pour déterminer les besoins en compétences, mais aussi en termes de niveau auquel ces évaluations sont menées et de participation des acteurs concernés (OCDE, 2016). En France, plusieurs procédures d'évaluation des besoins en compétences ont été mises en place par différents intervenants au fil des années aux niveaux national, régional et sectoriel. Bon nombre de ces mécanismes sont utilisés pour étayer l'élaboration des politiques en matière d'éducation, de formation, d'emploi et de migrations. Des dispositifs d'aide et d'incitation sont également déployés pour encourager et faciliter les évaluations à l'échelon des entreprises.

Évaluation des besoins en compétences aux niveaux national, régional et sectoriel

En 2015, France Stratégie et la Dares ont publié le rapport « *Métiers en 2022* », qui présente les résultats d'un exercice de prospective nationale de l'emploi (France Stratégie/Dares, 2015). Des exercices similaires avaient déjà été réalisés en 2002 (*Avenir des métiers*) et en 2007 (*Les métiers en 2015*). Le rapport « *Métiers en 2022* » est une mise à jour du rapport « *Métiers en 2020* » publié en 2012, qui prend en compte le retournement conjoncturel observé en 2011. Cet exercice de prospective examine les créations nettes d'emplois ainsi que la demande de remplacement par suite des départs à la retraite. Si la demande de remplacement peut être estimée avec un degré de certitude relativement élevé, l'estimation des créations d'emplois est beaucoup plus ardue. Pour tenir compte de l'incertitude des créations d'emplois, le rapport estime trois scénarios de croissance, fondés sur différentes hypothèses concernant la croissance de la productivité. Pour chaque profession, l'exercice génère une projection du nombre de créations de poste, ce qui permet d'estimer quelles professions feront l'objet de la plus forte demande. Le rapport note qu'une forte demande n'implique pas nécessairement une pénurie, dès lors que l'offre est suffisamment élevée pour satisfaire la demande.

En parallèle, la Dares publie un tableau de bord trimestriel des compétences en tension pour chaque profession détaillée, qui reflète les pénuries et les excédents existant sur le marché du travail. Cet indicateur se fonde sur les données du service public de l'emploi (Pôle emploi) concernant le nombre de demandeurs d'emploi et d'offres d'emploi. Il correspond au nombre d'offres d'emploi reçues par Pôle emploi au cours du trimestre, divisé par le nombre de nouveaux demandeurs d'emploi inscrits au cours du trimestre. La Dares précise qu'il vaut mieux se référer à la tendance de cet indicateur plutôt qu'à son niveau, car le recours au service public de l'emploi pour pourvoir aux besoins de recrutement varie selon les métiers recherchés.

Comme cela a été indiqué précédemment, il existe également plusieurs études consacrées aux difficultés de recrutement perçues par les employeurs. Chaque année, Pôle emploi adresse aux entreprises un questionnaire pour connaître leurs besoins en recrutement (Besoins en main-d'œuvre, BMO). Il est demandé aux employeurs s'ils envisagent de recruter au cours de l'année à venir et d'indiquer les secteurs et métiers dans lesquels il y aura des emplois vacants ainsi que les types de contrat qui seront proposés. Le questionnaire leur demande également de préciser les raisons pour lesquelles ils veulent recruter et d'indiquer s'ils anticipent des difficultés pour pourvoir leurs postes vacants. Une enquête complémentaire est également menée auprès d'un souséchantillon d'entreprises qui participent à l'enquête BMO. Cette enquête pose des questions plus détaillées sur les recrutements anticipés – par exemple, types de difficultés attendues pour pourvoir les postes vacants, solutions envisagées et utilisation des services de Pôle emploi. Il est demandé aux entreprises qui ne prévoient pas d'embaucher pourquoi elles n'anticipent pas de besoins de recrutement. Tous les employeurs qui participent à l'enquête complémentaire sont également priés d'indiquer s'ils ont rencontré des difficultés pour pourvoir les postes vacants au cours des dernières années et si leurs besoins en compétences ont évolué.

À une échelle plus restreinte, l'Observatoire tendance emploi compétence (Observatoire TEC), outil lancé par une organisation patronale (le MEDEF), consulte chaque trimestre les employeurs au sujet de leurs recrutements (contrats d'au moins six mois). Cette enquête couvre environ 40 000 entreprises du secteur privé. Elle se concentre sur les recrutements intervenus au cours du dernier trimestre et ceux anticipés pour le trimestre suivant. Elle recueille des informations sur les emplois vacants et les embauches par métier, ainsi que sur l'étendue et la nature des difficultés de recrutement. Il est demandé aux employeurs en butte à des difficultés de recrutement d'indiquer quelles compétences professionnelles et personnelles leur font défaut.

Enfin, des exercices spécifiques ont été réalisés aux niveaux régional et sectoriel. À l'échelon régional, les CARIF-OREF *(Centre animation ressources d'information sur la formation / Observatoire régional emploi formation)* collectent également des informations sur les besoins en compétences. Ces organismes régionaux établis depuis plus de 25 ans ont pour fonction principale de fournir des informations sur la formation et les métiers au niveau régional. Par exemple, le CARIF-OREF de la région Alsace (OREF-Alsace) a publié les résultats d'une enquête menée auprès des employeurs qui couvre plusieurs métiers, le baromètre emploi-formation. Le CARIF-OREF d'Île de France (Défi Métiers) a réalisé des projections de l'emploi par secteur à l'horizon 2030. Toujours à l'échelle régionale, les Direccctes (Directions régionales des entreprises, de la concurrence, de la consommation, du travail et de l'emploi) ont publié quelques analyses sur les besoins en compétences. Parmi elles, la Direccte Normandie a élaboré un outil ayant pour objectif d'identifier les métiers susceptibles de connaître des difficultés en matière de recrutement, qui s'appuie sur une série d'indicateurs liés aux emplois vacants, aux demandeurs d'emploi et aux recrutements.

Au niveau sectoriel, certains Observatoires prospectifs des métiers, des qualifications et des compétences (OPMQ) ont effectué des évaluations des besoins en compétences[1]. L'Observatoire de la plasturgie, par exemple, a recueilli des informations sur les difficultés de recrutement associées à différents emplois du secteur en utilisant les résultats d'une enquête menée auprès des employeurs. Il a également mis en œuvre un exercice prospectif qui établit des projections de l'emploi par secteur jusqu'en 2020.

Établi en 2014 pour renforcer les capacités d'évaluation collective des besoins en compétences en France, le Réseau emploi et compétences (REC) réunit différents intervenants du secteur de l'évaluation des besoins en compétences et des décideurs appartenant à des domaines connexes. L'objectif du REC est d'instaurer un dialogue entre les différents acteurs de niveau national, régional et sectoriel, de favoriser une meilleure diffusion des connaissances entre les acteurs et de renforcer la coopération à travers la réalisation de productions partagées. Le REC comprend cinq groupes de travail : i) projections d'emploi sectorielles et régionales, ii) compétences transversales et transférables, iii) modes d'alimentation des métiers, iv) connaissance des emplois saisonniers, et v) les emplois numériques dans l'industrie.

Dispositifs d'incitation et d'aide à l'évaluation des besoins en compétences

Les grandes entreprises (de 300 salariés ou plus) doivent analyser leurs besoins en compétences et engager une négociation sur les actions requises avec les partenaires sociaux au moins une fois tous les trois ans (Gestion prévisionnelle de l'emploi et des compétences, GPEC). L'analyse consiste généralement à dresser un état des lieux des compétences disponibles et à prévoir les besoins en compétences futurs sur la base de stratégies à moyen et long termes. À partir de cette analyse, l'entreprise peut décider des outils à mettre en œuvre pour faire face aux pénuries anticipées – par exemple, investissement dans la formation et accompagnement de la mobilité professionnelle – après consultation des partenaires sociaux. Les entreprises de moins de 300 salariés ne sont pas soumises à cette obligation, mais jusqu'à une période récente, les petites entreprises désireuses d'évaluer leurs besoins en compétences pouvaient bénéficier d'une aide financière de l'État pour réaliser cet exercice. Une enquête de terrain menée dans les PME a montré que 16 % des entreprises participantes utilisaient le GPEC et que 36 % utilisaient des pratiques apparentées pour évaluer leurs besoins en compétences (Ministère de l'Économie, des Finances et de l'Industrie, 2005). En 2016, cette aide financière a été remplacée par une initiative plus générale qui vise à aider les petites et moyennes entreprises à gérer les questions relatives aux ressources humaines (la prestation de conseil en ressources humaines TPE-PME). Cette prestation est plafonnée à 50 pour cent des coûts, mais des cofinancements sont possibles par le biais des organisations sectorielles. Cet accompagnement financier est accessible à toutes les entreprises de moins de 300 salariés mais la priorité est donnée aux entreprises les plus petites.

Pour aider les secteurs et régions à déterminer leurs besoins en compétences, le Gouvernement français a créé un contrat d'études prospectives, dans le cadre des dispositifs spécifiques d'appui aux mutations économiques. Ce contrat est conclu entre l'État et les organisations patronales et peut être co-signé par les syndicats et les organisations régionales. Dans bien des cas, les OPMQ compétents sont également parties prenantes. Les principaux objectifs de ce contrat sont les suivants : i) développer une meilleure connaissance des métiers, des emplois et des qualifications, ainsi que de leurs évolutions, ii) proposer des hypothèses d'évolution à moyen terme, et iii) proposer des actions pour accompagner les évolutions présentes et futures dans le champ concerné. L'État attribue une subvention pour contribuer au financement de l'étude prospective, qui doit être réalisée par un opérateur extérieur. Lorsque le recours à un contrat d'études prospectives ne se justifie pas en raison du périmètre trop restreint du projet, il est possible de recourir à un *appui technique* à la réalisation d'un diagnostic sectoriel ou territorial des besoins en compétences.

Utilisation des exercices d'évaluation des besoins en compétences dans l'élaboration des politiques

Les informations recueillies lors des exercices d'évaluation des besoins en compétences peuvent être utiles à l'élaboration d'un large éventail de politiques. Une publication de l'OCDE (OCDE, 2016) montre que les gouvernements des pays de l'OCDE se servent de ces informations pour mettre à jour les normes professionnelles ; élaborer des politiques de formation à l'attention des travailleurs ou des chômeurs ou réviser les politiques existantes ; et concevoir, réviser ou décider de la répartition des cours dans le système d'enseignement formel, de nombreux pays utilisant ces informations pour élaborer les programmes d'enseignement et de formation professionnels ou de formation en alternance. Les gouvernements de certains pays se servent aussi de ces informations pour guider la politique migratoire et accompagner leur passage à l'économie verte ou numérique. Les partenaires sociaux s'appuient sur ces informations pour peser sur l'élaboration des politiques éducatives et de l'emploi, définir des programmes de formation ou conseiller leurs membres en matière de développement des compétences. Enfin, les partenaires sociaux et les autorités gouvernementales utilisent ces informations à des fins de communication générale, pour informer les travailleurs et les étudiants des tendances actuelles ou futures de l'offre et de la demande de compétences.

En France, le service public de l'emploi (Pôle emploi) se sert des informations de l'enquête BMO sur les projets de recrutement pour estimer les besoins en formation. Ces besoins estimés sont ensuite utilisés pour déterminer la quantité et le type des formations à mettre en place. Cependant, les décisions en matière de fourniture de formations ne reposent pas uniquement sur les données de l'enquête BMO : les informations quantitatives sont complétées par des remontées d'informations des employeurs et d'autres parties prenantes. Plusieurs régions utilisent également les résultats de l'enquête BMO pour donner des informations sur l'orientation professionnelle, et certaines communiquent des indications supplémentaires sur les perspectives à plus long terme, fondées sur les résultats de l'exercice prospectif Métiers en 2022. L'indicateur des compétences en tension de la Dares est utilisé pour établir une liste de métiers justifiant un assouplissement des dispositions en matière de migrations de travail. Les politiques relatives à la formation, à l'orientation professionnelle et aux migrations sont examinées plus en détail dans la section suivante.

Note

1. Les OPMQCs produisent ces exercices sous l'autorité de la Commission paritaire nationale pour l'Emploi et la Formation professionnelle (CNPEFP), qui évalue les exercices et décide sur leur diffusion.

Références

France Stratégie/Dares (2015), *Les métiers en 2022 : rapport du groupe Prospective des métiers et des qualifications*.

Ministère de l'Économie, des Finances et de l'Industrie (2005), *Le développement du capital humain dans les entreprises*.

OCDE (2016), *Getting Skills Right: Assessing and Anticipating Changing Skill Needs*, Éditions OCDE, Paris, http://dx.doi.org/10.1787/9789264252073-en.

Chapitre 3

Politiques s'attaquant aux déséquilibres en matière de compétences en France

Étant donné que les déséquilibres de compétences peuvent s'avérer coûteux pour les individus et la société, les pays essaient de les réduire en mettant en place des politiques qui orientent la demande et l'offre de compétences. La demande de compétences peut, par exemple, être influencée par les politiques industrielles, tandis que les politiques d'enseignement et de formation, et les politiques migratoires, peuvent modifier l'offre de compétences. Ce chapitre passe en revue les politiques qui ont été mises en place en France pour s'attaquer aux déséquilibres de compétences.

Stimuler la demande et l'utilisation des compétences

La France dispose d'un nombre important et croissant de personnes très qualifiées. Une part considérable des actifs occupe toutefois un emploi de qualification inférieure (graphique 1.9). Selon Lemistre (2013), il y eu une augmentation considérable au cours des dernières décennies dans la part des diplômés récents hautement qualifiés (au moins Bac + 5) qui sont surqualifiés pour leur emploi. Par ailleurs, de nombreux jeunes très qualifiés occupent des emplois temporaires qui offrent peu de possibilités pour maintenir et actualiser leurs qualifications afin de s'adapter à l'évolution des besoins en compétences. Par conséquent, de nombreuses compétences ne sont pas mises à profit de manière optimale, ce qui réduit le retour sur investissement des études. Les politiques de stimulation de la demande de travailleurs très qualifiés peuvent répondre aux problèmes de surqualification, tout en favorisant un développement économique plus solide en France.

Face aux défis importants, présents et à venir, que l'économie française doit relever, le gouvernement a lancé en 2010 un programme d'investissement ambitieux. Les Investissements d'avenir ciblent l'enseignement supérieur et professionnel, la recherche, l'industrie et les PME, ainsi que tous les secteurs d'avenir, notamment le développement durable, les biotechnologies, l'informatique et l'énergie nucléaire. Les piliers de ces plans sont l'excellence, l'innovation et la coopération. Pour sélectionner les projets financés, le gouvernement a lancé des appels à projets auxquels toute institution pouvait répondre. Après une première vague d'investissements en 2010, un deuxième appel à projets a été lancé en 2013 puis un troisième en 2016. Lors des deux premières vagues, 47 milliards EUR ont été investis, tandis qu'un budget de 10 milliards EUR a été annoncé pour la troisième. Une évaluation des deux premières vagues du programme d'investissement a montré qu'il avait, dans l'ensemble, généré des retombées positives grâce à des initiatives originales (France Stratégie, 2016).

Afin de stimuler et favoriser la ré-industrialisation de la France, le projet Nouvelle France industrielle (NFI) a été lancé en 2013. Il repose sur neuf solutions industrielles : économie des données, objets intelligents, confiance numérique, alimentation intelligente, nouvelles ressources, ville durable, mobilité écologique, transports de demain, et médecine du futur. Le pilier de la NFI est le programme Industrie du Futur, lancé en 2015 avec pour objectif de moderniser l'appareil productif français et d'accompagner les entreprises industrielles dans la transformation par le numérique de leurs modèles d'affaires, de leur organisation, de leurs modes de conception et de commercialisation. Le premier pilier de ce programme est le développement de nouvelles technologies, et leur diffusion dans les entreprises françaises. L'investissement privé et public dans la R-D est au cœur du développement de ces nouvelles technologies. Le deuxième pilier concerne l'accompagnement des entreprises afin qu'elles comprennent mieux les technologies existantes, identifient les obstacles d'accès à ces innovations, intègrent les nouveaux concepts et réinventent leurs modèles économiques. La formation des salariés constitue le troisième pilier, afin que la prochaine génération d'étudiants dispose des compétences nécessaires dans les nouveaux métiers et les nouveaux secteurs. Le quatrième pilier du programme porte sur la visibilité et la promotion des solutions technologiques françaises à l'étranger. Enfin, le programme s'appuie sur le renforcement de la coopération européenne et internationale.

Afin d'encourager l'entrepreneuriat et, par conséquent, la création d'emploi et l'innovation, un nouveau statut d'étudiant-entrepreneur a été introduit en France en 2014. Il est accessible à tous les étudiants et les jeunes diplômés de moins de 28 ans titulaires au moins du baccalauréat (ou d'une équivalence). Le ministère de l'Éducation décide d'accorder le statut après examen du dossier de candidature par le Pôle étudiant pour l'innovation, le transfert et l'entrepreneuriat (PEPITE). L'étudiant-entrepreneur est suivi par deux référents (un enseignant et une personne ayant de l'expérience en entreprise), a accès à un espace de coworking et peut signer un Contrat d'appui au projet d'entreprise (CAPE) afin de tester son projet sans devoir créer une structure juridique. Le statut d'étudiant-entrepreneur permet également aux étudiants de valider des crédits pour leur diplôme, ou encore de substituer leur projet entrepreneurial à l'obligation de faire un stage ou de présenter un mémoire de fin d'études. L'étudiant-entrepreneur a la possibilité de s'inscrire à un programme de formation conduisant au diplôme d'établissement « étudiant-entrepreneur » (D2E)[1]. Au cours des deux années ayant suivi sa mise en place, environ 1 900 étudiants ou jeunes diplômés seulement ont adopté le statut d'étudiant-entrepreneur et certaines indications suggèrent que cela est dû à une demande limitée de la part des étudiants. Une enquête de 2016 auprès des étudiants (CSA, 2016) a montré que le statut n'était pas très bien connu puisque quatre étudiants sur six n'en avaient jamais entendu parler. Néanmoins, ceux qui avaient obtenu ce statut en étaient très largement satisfaits (76 %).

La filière générale

En France, la grande majorité des élèves du secondaire suivent une filière générale visant à les préparer aux études supérieures. Les programmes de la filière générale sont conçus pour donner aux élèves de solides connaissances de base, mais aussi des compétences non cognitives. Par ailleurs, le développement de ces compétences est censé correspondre aux attentes et aux besoins des employeurs, et doit par conséquent pouvoir répondre à l'émergence de nouveaux besoins. Un nombre important des lycéens de la filière générale poursuivent des études supérieures générales, pendant lesquelles des compétences plus spécialisées sont développées, tandis que les compétences fondamentales et humaines (*soft skills*) sont également approfondies. Comme pour le secondaire, une bonne coordination entre le marché du travail et les établissements de l'enseignement supérieur est indispensable pour garantir le développement des compétences adéquates. Plusieurs réformes ont été mises en œuvre afin de renforcer les liens entre le système éducatif et les besoins des employeurs au niveau du secondaire et du supérieur.

En 2016, une réforme de l'enseignement secondaire intitulée Collège 2016 a été introduite en France avec pour ambition de *« Mieux apprendre pour mieux réussir »*. Cette réforme concerne les programmes du collège, les méthodes d'enseignement ainsi que l'organisation scolaire. Le nouveau système devrait donner lieu à un meilleur développement des compétences fondamentales, au développement d'un plus large éventail de compétences et à un fonctionnement plus souple des établissements afin de mieux répondre à la diversité des besoins des élèves. L'une des principales caractéristiques de la réforme consiste à développer des compétences en phase avec les besoins de l'économie actuelle. C'est pourquoi le nouveau système met davantage l'accent sur l'enseignement des langues étrangères, en le démarrant plus tôt au cours du parcours scolaire et en augmentant le nombre d'heures consacrées aux langues étrangères dans les programmes. Avec l'introduction de projets plus orientés vers la pratique et réalisés en équipe, le nouveau système cherche également à développer des *soft skills* (ou compétences humaines), comme la capacité à travailler avec les autres et l'expression orale. Enfin, la réforme favorise le développement des compétences numériques, afin de savoir utiliser les technologies numériques mais aussi de comprendre les avantages et les inconvénients d'une nouvelle culture numérique.

Le renforcement de l'importance accordée aux compétences numériques au collège s'inscrit dans une initiative plus vaste consacrée à la numérisation dans l'enseignement, le Plan numérique pour l'éducation. Cette initiative est déployée de manière progressive sur la période 2015-19 et s'appuie sur quatre piliers : la formation, les ressources, l'équipement et l'innovation. Les enseignants sont formés afin de pouvoir intégrer les outils numériques à leurs pratiques d'enseignement. La formation porte sur la maîtrise des outils numériques, leur application aux différentes disciplines pour développer de nouvelles méthodes d'enseignement, et la compréhension de la culture numérique actuelle, y compris les réseaux sociaux. Les ressources numériques seront mises à la disposition des établissements afin d'être utilisées dans tous les enseignements disciplinaires fondamentaux. Pour aider les établissements à choisir leurs outils numériques, une plateforme donnant des informations sur toutes les ressources disponibles a été créée. Des investissements sont réalisés pour fournir aux enseignants et aux élèves des équipements numériques mobiles individuels. Enfin, le plan soutient les expérimentations locales en matière d'usage innovant des outils numériques dans l'enseignement.

Dans le supérieur, l'introduction de la Loi relative aux libertés et responsabilités des universités (Loi LRU) a permis aux universités de mieux répondre aux besoins du marché du travail (local). En acquérant plus d'autonomie et en étant autorisées à créer des fondations en partenariat avec des employeurs et des particuliers, les universités sont davantage incitées à collaborer avec les employeurs. La loi a également rendu obligatoire la présence d'au moins un chef d'entreprise ou cadre dirigeant d'entreprise et d'au moins un autre acteur du monde économique ou social dans le conseil d'administration des universités. En 2012, toutes les universités françaises avaient acquis leur autonomie. Nombre d'entre elles ont utilisé ce nouveau statut pour créer des fondations : près de 60 fondations universitaires existaient à la fin de l'année 2016. Afin de répondre à la demande élevée de compétences numériques et de tirer parti des opportunités offertes par le numérique, la Loi de 2013 relative à l'enseignement supérieur et à la recherche (Loi ESR) a mis en avant des initiatives visant à davantage et mieux utiliser les outils numériques à l'université.

La participation dans des stages dans l'enseignement supérieure a connu une hausse considérable au cours des dernières années, comme les étudiants veulent acquérir des compétences professionnelles. Alors que des données officielles ne sont pas disponibles, Prévost (2012) estime que le nombre de stages en France est passé d'environ 600 000 en 2006 à 1.6 million en 2012. Giret et Issehnane (2012) ont montré que, parmi les jeunes sortis diplômés de l'enseignement supérieur en 2004, il existait des grandes différences dans la qualité des stages et que les diplômés ayant participé à des stages de haute qualité avaient des meilleurs résultats sur le marché du travail que les diplômés du même domaine qui avaient participé à des stages de qualité inférieure. En 2014, une nouvelle loi[2] a été introduite pour mieux réguler et harmoniser les stages, visant surtout favoriser le développement des stages de qualité, éviter les stages se substituant à des emplois, protéger les droits des stagiaires, et améliorer le statut des stagiaires.

La filière professionnelle

L'enseignement et la formation professionnels préparent les individus à un métier ou un secteur spécifique. C'est pourquoi le contenu des programmes doit correspondre étroitement aux compétences nécessaires pour les métiers ou secteurs considérés. L'enseignement et la formation professionnels ne comprennent pas uniquement les filières professionnelles du secondaire et du supérieur, mais également les possibilités de formation continue pour les personnes souhaitant actualiser ou renforcer leurs compétences. En France, 1.5 % du PIB est consacré à la formation continue et à l'apprentissage, dont la plus grande partie est financée par les employeurs.

Qualifications et certifications professionnelles

En France, les certifications professionnelles peuvent prendre trois formes : i) les titres et diplômes délivrés au nom de l'État, élaborés ou homologués par des organismes consultatifs tripartites (les Commissions professionnelles consultatives, CPC), ii) les diplômes délivrés par des organismes publics et privés (par ex., chambres de commerce, universités) ou au nom de l'État sans l'intervention des CPC, et iii) les Certificats de qualification professionnelle (CQP)[3] délivrés par les partenaires sociaux. Les ministères, les branches et les prestataires de formation privés qui souhaitent créer un titre ou un diplôme ou en renouveler l'homologation doivent en justifier la création ou le renouvellement en présentant une étude d'opportunité. Une fois cette création ou ce renouvellement confirmé, le titre ou diplôme peut être élaboré sur la base de référentiels décrivant i) les activités que recouvre le métier, ii) les compétences nécessaires pour exercer les fonctions définies dans le référentiel d'activités, et iii) les modes d'évaluation. Au niveau des ministères, ces référentiels sont vérifiés par la CPC concernée, qui réunit des partenaires sociaux, des représentants de l'État et des experts. Des organismes de conseil similaires, les Commissions paritaires nationales de l'emploi et de la formation professionnelle (CPNEFP) des branches professionnelles, sont chargés de cette mission au niveau des branches. Le processus de création et de renouvellement des titres délivrés par le ministère du Travail est décrit dans l'encadré 3.1. Bien que les partenaires sociaux participent depuis déjà longtemps à l'élaboration des titres et diplômes grâce à leur présence dans les instances consultatives, ils plaident depuis quelques années pour un rôle renforcé, notamment celui des représentants des employeurs.

En 2002, le Répertoire national de la certification professionnelle (RNCP) a été créé afin de fournir aux entreprises et aux particuliers des informations actualisées sur les certifications professionnelles. Les certifications sont classées par domaine professionnel et par niveau, avec pour chacune d'entre elles, des informations sur les modalités d'accès à la formation, les compétences et les capacités liées à la certification. Les certifications délivrées par l'État et créées par l'intermédiaire des CPC sont automatiquement enregistrées au RNCP. Les autres ne le sont que sur demande. La Commission nationale de la certification professionnelle (CNCP) décide de l'enregistrement ou non au RNCP sur la base d'un ensemble de critères. L'un des critères est lié aux débouchés existant sur le marché du travail pour les titulaires de la certification lors des trois dernières années. Ce critère contribue ainsi à encourager l'enregistrement de certifications pour lesquelles le marché du travail est actif. L'enregistrement des certifications est valable pour une période de un à cinq ans, à l'issue de laquelle un renouvellement peut être demandé. Les demandes de renouvellement sont soumises à la même procédure que l'enregistrement initial. Au fil des années, le RNCP est devenu un outil utile, servant de label de qualité aux certifications. Le nombre de demandes d'enregistrement et de renouvellement augmente régulièrement (voir graphique 3.1). En moyenne, 77 % des demandes sont acceptées, avec un taux d'acceptation supérieur pour les renouvellements (87 %) que pour la première demande (72 %). Fin 2016, le répertoire comptait environs 10 000 certifications actives, dont un quart seulement étaient des certifications enregistrées sur demande (CNCP, 2016). À côté du RNCP, un inventaire a été créé en 2009 pour des certificats *correspondant à des compétences transversales exercées en situation professionnelle*, qui généralement nécessitent une formation plus courte que pour les certificats du RNCP. Cet inventaire CNCP contient trois types de certificats: i) certificats correspondants à une obligation légale et réglementaire nécessaire pour exercer un métier (p.ex. permis de conduire), ii) Certificats correspondants à des normes de marché dont la possession est recommandée pour certaines métiers (p.ex. certaines logiciels informatiques), et iii) certificats correspondants à un ensemble de compétences, mobilisable dans une ou plusieurs activités professionnelles et permettant de renforcer ou de favoriser l'insertion professionnelle et le maintien dans l'emploi.

Encadré 3.1. Obtention et renouvellement de l'homologation des titres professionnels : L'exemple de l'AFPA

L'Agence nationale pour la formation professionnelle des adultes (AFPA) est chargée de la conception et du renouvellement de l'homologation des titres professionnels délivrés par le ministère du Travail. L'AFPA emploie environ 200 « ingénieurs » chargés de concevoir et maintenir les 250 titres délivrés par le ministère du Travail. De nouveaux titres sont élaborés à la demande du ministère et ceux existants sont revus tous les cinq ans (ou plus tôt, si nécessaire).

Afin de garantir la qualité des titres et de faciliter le processus de renouvellement tous les cinq ans, l'AFPA réalise un travail de veille sur le système économique, les dynamiques d'entreprise, le marché du travail et les besoins en compétences par le biais d'analyses quantitatives et qualitatives. L'impact éventuel des évolutions sociales, organisationnelles, technologiques, environnementales et réglementaires est évalué afin de mieux répondre aux besoins en compétences présents et futurs des métiers spécifiques. Les informations collectées lors de ce suivi permanent viennent compléter les études d'opportunité réalisées lorsque le ministère du Travail propose la création ou le renouvellement de l'homologation des titres, ainsi que les référentiels applicables aux titres nouveaux ou reconduits.

Le processus de renouvellement de l'homologation des titres prend 18 mois ; il commence par une synthèse du travail de veille précédent suivie d'une analyse approfondie (six mois). Lors de l'étape suivante, les référentiels sont rédigés et vérifiés par la CPC concernée (six mois). Pendant les six derniers mois précédant la nouvelle homologation du titre, les référentiels sont préparés en vue de leur publication et plusieurs dossiers techniques sont constitués (par ex., le dossier technique relatif à l'évaluation des candidats).

Graphique 3.1. Demandes d'enregistrement au Répertoire national des certifications professionnelles (RNCP), 2003-15

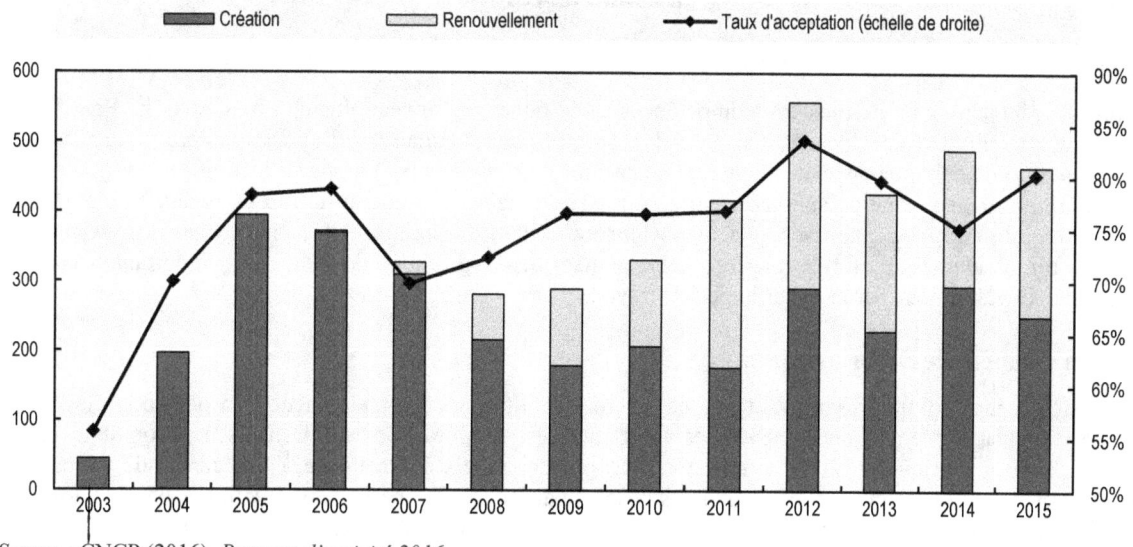

Source : CNCP (2016), *Rapport d'activité 2016*.

En 2014, la Loi relative à la formation professionnelle, à l'emploi et à la démocratie sociale a fait apparaître la notion de « blocs de compétences » dans les certifications professionnelles. Toutes les certifications professionnelles doivent être divisées en blocs de compétences, qui s'entendent comme un ensemble homogène et cohérent de compétences. Les certifications professionnelles peuvent ainsi être obtenues en plusieurs validations partielles. Le découpage en blocs de compétences est encore en cours pour de nombreuses certifications et certaines d'entre elles s'y prêtent mieux que d'autres. Le découpage des formations professionnelles en blocs de compétences s'est révélé plus simple pour les certifications directement axées sur l'employabilité, comme les CQP sectorielles, que pour les certifications plus traditionnelles, comme celles du ministère de l'Éducation nationale qui fournissent généralement des compétences générales plutôt que des compétences liées à un contexte professionnel (Céreq, 2017). Chaque organisme ou institution est chargé du découpage de ses propres certifications et décide librement du mode de délivrance des validations partielles. S'agissant des certifications délivrées par le ministère du Travail, la validation partielle des blocs prend la forme d'un certificat de compétence professionnelle (CCP).

> **Encadré 3.2. Formation professionnelle à court terme pour répondre aux besoins en compétences**
>
> **Besoins en compétences au niveau local**
>
> Afin de répondre aux besoins en compétences spécifiques au niveau local, on a créé la Formation complémentaire d'initiative locale (FCIL). Elle permet aux titulaires d'une première qualification professionnelle d'obtenir une spécialisation répondant aux besoins locaux. La spécialisation peut s'ajouter au diplôme initial ou une attestation supplémentaire peut être délivrée. La création d'une FCIL fait l'objet d'une décision conjointe entre les établissements d'enseignement et de formation et les employeurs locaux ou les organismes professionnels. La formation dure généralement de 3 à 11 mois, dont une part importante (dans la limite des deux tiers) doit se dérouler sur le lieu de travail.
>
> **Besoins en compétences informatiques**
>
> Le système éducatif français n'ayant pas été en mesure de répondre pleinement à la demande élevée et croissante d'un vaste éventail de compétences informatiques, le Gouvernement français a introduit le label Grande école du numérique en 2015. L'initiative accorde des labels d'excellence à des cursus de formation courts au numérique (3 à 24 mois) répondant à des besoins particuliers du marché du travail. Les besoins doivent être identifiés en collaboration avec les parties prenantes régionales et les professionnels, et la formation doit également porter sur les *soft skills* (compétences humaines) valorisées par les employeurs. Les structures de formation reçoivent une aide financière. Les cursus de la Grande école du numérique sont gratuits et ouverts à tous, sans condition de qualification préalable. Ils s'adressent néanmoins en priorité aux jeunes peu qualifiés, l'objectif étant que 50 % des participants soient des jeunes sans emploi et sortis du système éducatif. Des efforts seront également faits pour attirer les femmes (avec un objectif d'au moins 30 %) et les personnes issues de quartiers défavorisés. Lors de la première vague, 171 formations ont reçu le label Grande école du numérique. L'objectif est de former 10 000 jeunes sur la période 2016-17.

L'enseignement professionnel et la formation en alternance

Au fil des années, plusieurs initiatives ont vu le jour pour faire de l'enseignement professionnel un choix plus attrayant, pour améliorer la qualité des formations et mieux adapter l'offre de formation aux besoins présents et à venir du marché du travail. Des initiatives ont été mises en œuvre pour faciliter l'accès aux lycées d'enseignement professionnel (encadré 3.2). En collaboration avec les régions, 500 programmes d'enseignement professionnel complémentaires au niveau des lycées ont été créés, en concordance avec les besoins actuels du marché du travail et les métiers du futur. Sur la période 2017-22, 10 000 places supplémentaires doivent être ouvertes en Brevet de technicien supérieur (BTS) et des expériences ont été lancées afin d'améliorer le passage de l'enseignement technique initial vers l'enseignement technique supérieur. Dans l'ensemble du pays, des bureaux des stages ont été établis afin d'aider les étudiants à trouver des stages. Afin de créer des synergies entre les différents acteurs de l'enseignement professionnel, des Campus des métiers et des qualifications ont été créés autour de secteurs spécifiques jouant un rôle important pour la compétitivité française (encadré 3.3).

Encadré 3.3. Rendre l'enseignement professionnel plus attrayant et mieux adapté

Encourager l'accès à l'enseignement professionnel

Une attention particulière doit être accordée aux élèves passant du collège au lycée professionnel afin de bien les préparer aux spécificités de ces établissements. Afin de faciliter cette transition, plusieurs nouvelles mesures ont vu le jour à la rentrée 2016 :

- *Accueillir* : une période d'accueil et d'intégration est organisée à la rentrée afin que les élèves puissent s'habituer à leur nouvel environnement. Elle comprend une semaine de découverte des métiers permettant aux élèves d'explorer les métiers liés à la voie qu'ils ont choisie, notamment par le biais de visite d'entreprises et de présentations faites par des professionnels ou des organismes externes.

- *Réorienter* : les élèves bénéficient d'une période de réorientation pendant laquelle il est possible de passer de la voie professionnelle à la voie générale ou technologique, ou de changer de secteur professionnel. Cette réorientation peut intervenir sur proposition de l'équipe pédagogique en accord avec l'élève et sa famille.

- *Préparer au milieu professionnel* : avant le début du premier stage en entreprise, les élèves participent à une semaine de préparation afin de faciliter leur intégration dans l'entreprise et l'équipe de travail : il s'agit de comprendre les attentes du monde professionnel et les principales règles internes (par ex. en matière de sécurité). Cette préparation est organisée par l'école en collaboration avec l'entreprise d'accueil.

Les campus des métiers et des qualifications

Les campus des métiers et des qualifications ont été créés afin de contribuer au développement économique et social en France, notamment pour favoriser le redressement productif et l'insertion professionnel des jeunes. Les campus rassemblent différents acteurs de la formation professionnelle, tels que des lycées professionnels, des établissements d'enseignement supérieur, des centres de formation des apprentis, des laboratoires de recherche et des entreprises, afin de renforcer la coopération entre le système éducatif et la sphère économique. Chaque campus est construit autour d'une filière ou d'un secteur spécifique correspondant à un enjeu particulier pour la France (par ex., secteurs très compétitifs, développement de nouvelles zones industrielles) faisant l'objet d'une forte demande dès à présent ou à venir. En proposant des formations de grande qualité, les campus permettent aux entreprises d'embaucher des salariés mieux formés, favorisent le passage à la vie active et contribuent au développement économique régional dans son ensemble. La formation professionnelle sur le terrain est facilitée par les solides relations qu'entretiennent les campus avec les employeurs.

Les campus des métiers et des qualifications fonctionnent par le biais de labels attribués à tous les acteurs de la formation professionnelle faisant partie d'un campus. Le label est accordé pour une période de quatre ans, renouvelable. Début 2017, il existait 77 campus des métiers et des qualifications labellisés dans le pays, dans 11 secteurs :

- Alimentaire, agroalimentaire
- Chimie et biotechnologies
- Création, design, audiovisuel
- Infrastructures, bâtiment, écoconstruction
- Matériaux, matériaux innovants
- Mobilité, aéronautique, transport terrestre et maritime
- Numérique, télécommunications
- Services aux entreprises, logistique
- Systèmes innovants, mécatronique
- Tourisme, bien-être, gastronomie
- Transition énergétique, éco-industrie

L'enseignement professionnel peut prendre la forme de contrats en alternance, pendant lesquels les jeunes alternent formation en entreprise et cours. En France, deux types de contrats existent pour la formation en alternance. Le premier, le contrat d'apprentissage, cible les jeunes de 16 à 25 ans et se limite aux diplômes et titres enregistrés au RNCP (hors CQP sectorielles). Ce type de formation doit représenter au moins 400 heures en moyenne par an. Le salaire de l'apprenti est compris entre 55 et 85 % du SMIC, en fonction de l'âge de l'apprenti. En 2015, un peu plus de 280 000 nouveaux contrats d'apprentissage ont été enregistrés, dont 96 % dans le secteur privé, et 42 % préparaient un diplôme de niveau V (CAP, BEP). Le second type de contrat est le contrat de professionnalisation, qui vise un public plus large comprenant les jeunes (16-25 ans), les demandeurs d'emploi et les individus recevant certaines allocations[4]. Ce type de contrat peut également être utilisé pour la formation en vue d'obtenir une CQP ou d'autres types de formations reconnues au niveau sectoriel. Le nombre d'heures de formation requises est plus bas (au moins 70 heures par an) et les salaires plus élevés (entre 65 et 85 % du SMIC). En 2015, près de 190 000 nouveaux contrats de professionnalisation ont démarré, dont 76 % pour des jeunes. Les principaux groupes de participants sont les personnes sans emploi (31 %) et les étudiants (31 %).

Les employeurs français contribuent au financement de l'apprentissage en versant la taxe d'apprentissage. Cette taxe s'élève à 0.68 % de la masse salariale de l'entreprise[5]. Les revenus tirés de la taxe sont répartis entre les régions (51 %), les centres de formation à l'apprentissage (part « quota », 26 %) et les formations initiales technologiques et professionnelles hors apprentissage (hors quota, 23 %). Les entreprises décident quels centres de formation ou écoles reçoivent la fraction quota et hors quota de la taxe. Celles qui comptent plus de 250 salariés, mais dont moins de 5 % de l'effectif est en contrat d'apprentissage ou de professionnalisation, doivent verser une contribution supplémentaire à l'apprentissage[6]. Le niveau de cette taxe supplémentaire varie entre 0.05 % et 0.6 % de la masse salariale, en fonction du pourcentage de salariés en contrat d'apprentissage ou de professionnalisation et de la taille de l'entreprise. La taxe est versée aux organismes collecteurs de la taxe d'apprentissage (OCTA), qui la redistribuent au Trésor public (pour la partie destinée aux régions) ainsi qu'aux centres de formation et aux écoles. Le contrat de professionnalisation est financé à partir des fonds de la formation continue (voir plus loin).

Afin de promouvoir le contrat d'apprentissage auprès des employeurs, de nombreuses incitations financières ont été mises en place. Les employeurs sont partiellement ou totalement exonérés des cotisations patronales pour les apprentis. Lors de l'embauche d'un apprenti peu qualifié, c'est-à-dire titulaire au plus du niveau Bac+2, l'employeur bénéficie d'un crédit d'impôt. Par ailleurs, les entreprises comptant moins de 250 salariés reçoivent une prime à l'embauche pour chaque nouvel apprenti, et celles employant au plus 10 salariés reçoivent une subvention supplémentaire chaque année où un apprenti est embauché. Depuis 2015, une autre aide (TPE jeunes apprentis) est versée aux entreprises pendant la première année d'emploi d'un apprenti de moins de 18 ans. Pour les contrats de professionnalisation, les incitations financières se limitent à des groupes spécifiques de salariés, comme une exonération des cotisations patronales pour les apprentis de 45 ans et plus et des aides pour l'embauche d'un demandeur d'emploi[7].

La formation continue

Les personnes accèdent à la formation continue afin de maintenir les compétences acquises lors de leur formation initiale, d'actualiser leurs acquis professionnels, de recycler ou renforcer leurs qualifications. Ce dernier point a pris une ampleur croissante puisque la nature des compétences requises sur le marché du travail connaît des évolutions importantes. En France, plusieurs politiques de formation continue ont été mises en œuvre afin d'aider les personnes à actualiser et améliorer leurs compétences. Les employeurs détiennent d'importantes responsabilités à cet égard, non seulement en matière de financement mais aussi en offrant des possibilités de formation suffisantes à leurs salariés.

Le compte personnel de formation

Le compte personnel de formation (CPF) a été créé en France début 2015[8]. Le CPF remplace l'ancien droit individuel à la formation, en apportant plus de souplesse au système et en élargissant sa portée. À la fin de chaque année, chaque personne reçoit des crédits de formation sur son compte personnel, en fonction du temps travaillé et du nombre d'heures effectuées dans l'année. Une personne ayant travaillé toute l'année à temps plein se voit créditer 24 heures de formation sur son compte, jusqu'à atteindre un total de 120 heures. Au-delà de 120 heures, le compte continue d'être alimenté de 12 heures par an (pour un emploi à temps plein) jusqu'à atteindre un plafond de 150 heures. Les personnes qui travaillent à temps partiel ou qui n'ont travaillé qu'une partie de l'année reçoivent un nombre de crédits proportionnel au temps travaillé. À partir de 2017, l'alimentation du CPF des peu qualifiés se fait à hauteur de 48 heures par année de travail jusqu'à l'acquisition d'un crédit de 400 heures. D'autres heures peuvent être ajoutées sur le compte par l'employeur, les organismes sociaux tels que les organismes paritaires collecteurs agréés (OPCA) et l'Opacif, les pouvoirs publics au niveau régional ou national, et Pôle emploi, le service public de l'emploi. Les jeunes de 16 à 25 ans qui quittent le système scolaire sans qualification, par exemple, reçoivent des crédits complémentaires utilisables aussi bien pour la formation professionnelle CPF que pour un retour en formation initiale. Les heures de formation accumulées sur le CPF peuvent exclusivement être utilisées à l'initiative de la personne. Contrairement au système antérieur, les crédits de formation accumulés sont personnels et restent valables même en cas de changement d'employeur ou de perte d'emploi. Les salariés souhaitant utiliser leurs heures de formation sur leur temps de travail doivent en demander l'autorisation à leur employeur. La formation est financée par l'OPCA ou par l'employeur, ce dernier étant tenu de continuer à payer la totalité du salaire lorsque la formation est entreprise pendant le temps de travail.

Les heures du CPF ne peuvent être utilisées que pour les formations figurant sur l'une des trois listes : nationale, régionale ou sectorielle. Ces listes sont élaborées par les partenaires sociaux et reposent sur les besoins du marché du travail correspondant. Pour évaluer les besoins de formation, les partenaires sociaux utilisent leur connaissance du marché du travail local ou sectoriel ainsi que leurs relations avec les employeurs. Les formations proposées sur la liste nationale et les listes régionales sont ouvertes aux personnes salariées ou en recherche d'emploi, tandis que les listes sectorielles sont réservées aux salariés du secteur correspondant. Le CPF peut uniquement être utilisé pour obtenir une formation certifiante, c'est-à-dire conduisant à une certification, une qualification ou un diplôme, mais sans se limiter aux titres enregistrés au RNCP[9]. Outre la formation professionnelle, les formations permettant d'acquérir le socle de connaissances et compétences sont également éligibles au CPF. En octobre 2016, près de 11 000 formations éligibles au CPF étaient identifiées par les partenaires sociaux (République française, 2017) et répertoriées sur environ 200 listes. Par définition, le CPF concerne les formations courtes, mais avec l'introduction des blocs de compétences dans la formation professionnelle, il est possible de valider des qualifications partielles à l'aide du CPF et de les associer afin d'obtenir ultérieurement une qualification complète.

Un an après sa création, près de 2.5 millions de comptes CPF avaient été créés. Ce nombre a dépassé les 4.2 millions en février 2017 (graphique 3.2). Malgré une forte augmentation du nombre de comptes CPF, les chiffres suggèrent aussi qu'en 2017, soit deux ans après sa création, seul un adulte français sur sept environ avait ouvert un compte CPF. Le nombre de formations approuvées a également connu une croissance spectaculaire, passant de 200 000 la première année à plus de 800 000 fin février 2017. Le ratio entre les formations approuvées et le nombre de comptes créés s'est progressivement amélioré et atteignait presque 20 % début 2017. Bien que cela indique que le nombre de personnes utilisant effectivement leur compte CPF a augmenté, cela montre aussi qu'une grande partie des comptes est restée inactive pour le moment. Les formations les plus populaires parmi les utilisateurs du CPF en 2017 sont les cours d'anglais, la validation des compétences (VAE et CléA, voir plus loin), le stage pour devenir chef d'entreprise artisanale[10] et la conduite de chariots-élévateurs. Un état des lieux réalisé en octobre 2016 a montré que 40 % des formations CPF étaient suivies par des demandeurs d'emploi et que 36 % de tous les participants aux formations CPF avaient un niveau d'études inférieur au baccalauréat.

Graphique 3.2. Utilisation du compte personnel de formation (CPF), 2015-17

Nombre cumulé de comptes créés et sessions de formation approuvées

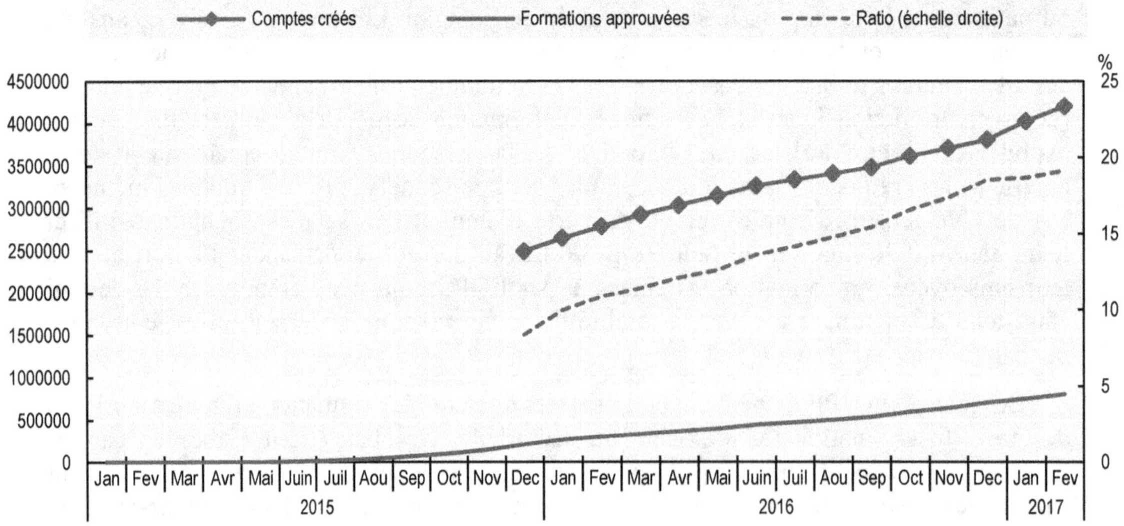

1. En raison d'un manque d'information sur le nombre de comptes en août 2016, la valeur est remplacée par la moyenne du mois précédent et du suivant.

Source : Compte personnel de formation (CPF).

Le congé de formation

Outre les formations effectuées au titre du CPF, les salariés français ont le droit de prendre un congé individuel de formation (CIF)[11]. Ce congé vise à améliorer les compétences ou à se reconvertir et la formation n'est pas nécessairement liée à l'emploi du salarié. Le salarié doit faire approuver le congé par son employeur, mais ce dernier ne peut pas refuser[12]. Le congé de formation est axé sur la formation à long terme : il est d'une durée maximale d'un an pour les formations à temps plein et de 1 200 heures pour les formations à temps partiel. D'autres formations peuvent être accordées par la branche ou l'employeur. Pendant le congé de formation, la personne reçoit entre 80 et 100 % de son salaire, en fonction du niveau du salaire brut. Le salaire et les coûts de la formation sont couverts par les organisations des partenaires sociaux (FONGECIF ou OPCA), qui utilisent les fonds obtenus auprès des employeurs.

En 2014, près de 25 000 demandes de CIF ont été approuvées pour les personnes en contrat à durée indéterminée et 9 000 autres pour les personnes en contrat à durée déterminée. De nombreuses demandes de CIF ont été refusées, le taux d'acceptation étant de 49 % pour les salariés en CDI et de 70 % pour les CDD. En moyenne, les participants au CIF ont passé 750 heures en formation et environ 40 % d'entre eux visent une formation de niveau IV. Les participants au CIF sont relativement jeunes, 74 % d'entre eux ont entre 25 et 44 ans. Bien que les entreprises comptant moins de 20 salariés ne contribuent pas au financement du CIF, 28 % des participants au CIF travaillent dans de telles structures[13]. Le coût du CIF a atteint 949.1 millions EUR en 2014 (FPSPP, 2014).

La reconnaissance des compétences

Presque un salarié français sur quatre occupe un poste nécessitant des certifications supérieures à celles qu'il possède, ce qui génère un phénomène dit de sous-qualification. La plupart de ces travailleurs ont les compétences requises par leur emploi parce qu'ils les ont acquises par l'expérience ou par une formation non certifiante, mais ils n'ont pas la certification permettant de l'attester. Bien que ce ne soit pas un problème tant qu'ils restent avec le même employeur, cela peut compliquer ou rallonger une période de chômage ou une recherche d'emploi puisque les employeurs potentiels ne peuvent pas repérer les compétences non certifiées. Cela est particulièrement vrai pour les personnes n'ayant aucun diplôme reconnu.

Afin d'aider les personnes dans cette situation, la France dispose d'un outil, la Validation des acquis de l'expérience (VAE), qui va au-delà des compétences de base. Créée en 2001, la VAE permet aux personnes d'obtenir des certifications enregistrées au RNCP, en démontrant qu'elles ont acquis les compétences nécessaires par le biais de leur expérience professionnelle. La VAE peut donner lieu à une reconnaissance totale ou partielle. Dans ce dernier cas, un complément de formation ou d'expérience professionnelle est nécessaire pour obtenir la validation totale. Les candidats peuvent recevoir une aide pour la préparation du dossier et de l'entretien avec le jury. La procédure de VAE peut être réalisée dans le cadre des politiques de formation existantes, telles que le CPF. Par ailleurs, les salariés peuvent demander un congé de VAE spécifique. En 2015, environ 42 000 personnes ont participé à la procédure de VAE afin d'obtenir une certification reconnue par l'État, et près de 60 % d'entre elles ont obtenu une validation totale[14]. Parmi les ministères certificateurs, le ministère de l'Éducation est celui recevant le plus de demandes de VAE (53 % de tous les candidats), suivi du ministère de la Santé et des Affaires sociales (20 %) (République française, 2017).

En complément de la VAE, les partenaires sociaux français au niveau interprofessionnel (Copanef) ont développé en 2016 le CléA. Ce certificat vise à aider les demandeurs d'emploi n'ayant aucun diplôme, mais possédant des connaissances de base, à trouver un emploi, et les employées à les soutenir dans leur évolution professionnelle. Pour obtenir le certificat, les candidats (salariés ou demandeurs d'emploi) peuvent se mettre en relation avec un point de contact CléA, qui évalue les compétences du candidat dans sept domaines : la communication en français, les règles de base du calcul, l'utilisation d'un ordinateur, l'aptitude à suivre les règles et à travailler en équipe, l'autonomie et la prise d'initiatives, la volonté d'apprendre et la maîtrise des règles de base (sécurité, environnement, hygiène). Si le candidat ne dispose pas des compétences nécessaires dans un ou plusieurs de ces domaines, un plan de formation personnalisé est mis au point afin que ces compétences puissent être rapidement acquises. La formation prend généralement la forme de programmes courts et pratiques. Comme pour la VAE, la formation CléA peut être entreprise dans le cadre des politiques de formation existantes telles que le CPF. Dès qu'un candidat valide le niveau de compétences requis dans tous les domaines, le certificat peut lui être accordé par un jury.

Encadré 3.4. Vers la formalisation de la formation en cours d'emploi

L'approche de la formation professionnelle en France a longtemps été axée sur la formation intervenant en dehors des activités professionnelles. Pourtant, une grande partie de la formation a également lieu sur poste. Ce type de formation est particulièrement pertinent pour les PME, qui n'ont pas toujours la capacité d'envoyer les salariés en formation à l'extérieur, ainsi que pour les travailleurs peu qualifiés, qui n'ont pas toujours la motivation suffisante pour participer à une formation officielle. Mais il est parfois complexe d'identifier les activités pouvant être considérées comme une formation en cours d'emploi.

Afin de formaliser la formation en situation de travail (FEST), le ministère du Travail et de la Formation professionnelle a lancé un appel aux organismes des partenaires sociaux (les OPCA) afin de développer des expérimentations de FEST. Au total, 24 projets portés par 13 organisations ont été choisis. Les projets sélectionnés pourront mettre en œuvre leurs expérimentations FEST avec l'aide du ministère du Travail et de la Formation professionnelle. Les expérimentations présentent quelques caractéristiques communes :

- elles ne concernent que des entreprises de moins de 300 salariés
- la priorité est donnée aux salariés peu qualifiés
- le profil des participants est diversifié (nouveaux salariés, travailleurs expérimentés et demandeurs d'emploi)
- la formation inclut des activités professionnelles normales et des « éléments d'apprentissage » (par ex., des moments de réflexion)

Un guide pratique sera élaboré à partir de ces expérimentations, qui aidera les employeurs à mettre en œuvre la FEST afin qu'elle soit reconnue comme un apprentissage formel.

Les périodes de professionnalisation

En vue de maintenir leur niveau d'employabilité, les salariés en CDI et CDD peuvent participer à des périodes de professionnalisation, ce qui implique une formation en alternance, combinant des enseignements théoriques et des activités professionnelles. La formation devrait permettre d'acquérir une qualification professionnelle ou d'accéder à un socle de connaissances et de compétences. Les salariés peuvent participer aux périodes de professionnalisation à l'initiative de leur employeur dans le cadre d'un plan de formation ou à leur propre initiative dans le cadre de la CPF. Quand la formation se déroule pendant les heures de travail, le salarié continue à recevoir sons salaire normalement. Quand la formation se déroule hors temps de travail, le participant reçoit une allocation de formation. En 2014, 1.9 % des salariés ont bénéficié d'une période de professionnalisation, avec une durée moyenne de 80 heures (République française, 2017).

La formation continue par branche professionnelle

Afin d'aider les entreprises et les travailleurs des secteurs particulièrement touchés par les mutations économiques, sociales et démographiques, le Gouvernement français a mis en œuvre les Actions de développement de l'emploi et des compétences (ADEC). Les ADEC se traduisent par une aide aux employeurs d'un secteur donné afin de former leurs salariés. Les objectifs de la formation sont la prévention du risque d'obsolescence des compétences, le maintien et le développement des compétences, la promotion de l'évolution professionnelle et de la mobilité ainsi que l'accès à des qualifications reconnues et transférables. Pour qu'une branche professionnelle puisse bénéficier de l'ADEC, un accord doit être signé entre l'État ou les collectivités régionales et les parties prenantes concernées (organismes professionnels, organismes syndicales, conseils régionaux, etc.). Un organisme de gestion est chargé de verser les aides aux entreprises qui mettent en œuvre les initiatives éligibles. Il s'agit souvent de l'OPCA (organisme paritaire collecteur agréé), un organisme géré par les partenaires sociaux. Les coûts relatifs au développement et à la mise en œuvre des initiatives sont également pris en charge. À titre d'exemple, un accord-cadre d'ADEC a été signé en Île de France en faveur des salariés du secteur automobile et des employeurs recrutant d'anciens salariés de ce secteur. L'accord signé entre l'OPCA concerné et la Direccte impliquait la reconversion des compétences vers d'autres secteurs ou métiers, une formation le renforcement ou l'acquisition de nouvelles compétences, des formations permettant de faciliter la mobilité internationale des salariés, et des formations favorisant la transmission intergénérationnelle des savoirs.

Les obligations des employeurs en matière de formation continue

Les employeurs français ont quatre grandes obligations en matière de formation professionnelle. Premièrement, ils sont tenus de garantir que les salariés puissent s'adapter aux évolutions de leur emploi. Cela implique que l'employeur accorde des possibilités de formation à ses salariés afin que ceux-ci puissent conserver leur poste lorsque la teneur ou l'organisation du poste évolue. Deuxièmement, un entretien professionnel doit avoir lieu tous les deux ans, pendant lequel l'employeur évoque avec ses salariés les perspectives d'évolution professionnelle et les formations susceptibles d'y contribuer. Tous les six ans, l'entretien doit faire un état des lieux récapitulatif du parcours professionnel du salarié, notamment afin de vérifier que le salarié a effectivement bénéficié des entretiens professionnels prévus au cours des 6 dernières années[15]. S'il s'avère qu'un employeur n'a pas organisé les entretiens bisannuels, ou que les salariés n'ont pas bénéficié de perspectives d'évolution suffisantes en termes de carrière, les entreprises de taille moyenne et les grandes sociétés s'exposent à des sanctions. Les comités d'entreprise, les salariés individuels et les inspecteurs du travail jouent tous un rôle dans la détection des infractions. Les perspectives d'évolution de carrière sont considérées comme suffisantes si le salarié a bénéficié d'au moins deux des trois actions suivantes en matière de carrière : i) participation à au moins une session de formation, ii) acquisition d'au moins une certification professionnelle par le biais d'une formation ou de la VAE, et iii) une progression salariale ou professionnelle. Les sanctions prennent la forme d'heures supplémentaires créditées sur le CPF du salarié, devant être financées par l'employeur à l'OPCA dont il dépend[16]. Troisièmement, les employeurs doivent chaque année informer et consulter le comité d'entreprise sur l'orientation donnée à la formation professionnelle dans la société. Enfin, les employeurs ont l'obligation de contribuer au financement de la formation professionnelle.

Les employeurs en France contribuent au financement de la formation professionnelle en versant annuellement une contribution à la formation professionnelle continue. La contribution s'élève à 1 % de la masse salariale annuelle des entreprises comptant au moins dix salariés, et à 0.55 % pour celles de taille inférieure. Les entreprises versent cette contribution à l'OPCA dont elles dépendent. La contribution est utilisé pour financer le CPF, le CIF, le contrat et les périodes de professionnalisation et deux autres types de formation. Le premier, le Plan de formation, concerne les possibilités de formation offertes aux salariés à l'initiative de l'employeur. Pendant une formation organisée dans le cadre du Plan de formation, le salarié continue à percevoir son salaire. Le seconde type est le Fonds paritaire de sécurisation des parcours professionnels (FPSPP), réservé à la qualification ou requalification des salariés autour de projets spécifiques et s'adressant aux publics les plus fragiles du marché du travail. La part de la contribution affectée à chacun des composants est fixe et dépend de la taille de l'entreprise (tableau 3.1). Les OPCA regroupent les fonds reçus par composant afin de créer, en principe, la possibilité de redistribuer les fonds entre les entreprises de différentes tailles. Mais le regroupement des fonds pour le Plan de formation se fait par taille d'entreprises, ce qui limite cette redistribution[17]. Les employeurs peuvent choisir de verser directement leur 0.2 % sur les CPF au lieu de les verser d'abord à l'OPCA, ce qui évite que les fonds ne soient regroupés et éventuellement redistribués.

Tableau 3.1. Financement de la formation professionnelle par les employeurs

Pourcentage de la masse salariale annuelle

	<10 salariés	10-49 salariés	50-299 salariés	≥ 300 salariés
CIF		0.15 %	0.20 %	0.20 %
CPF		0.20 %	0.20 %	0.20 %
Plan de formation	0.40 %	0.20 %	0.10 %	
Professionnalisation	0.15 %	0.30 %	0.30 %	0.40 %
FPSPP		0.15 %	0.20 %	0.20 %

Politiques ciblant les demandeurs d'emploi

Les demandeurs d'emploi représentent un vivier de compétences non utilisées, risquant de se détériorer ou de devenir obsolètes. Apporter aux demandeurs d'emploi les compétences nécessaires sur le marché du travail facilite leur transition vers le marché du travail, mais aide aussi les employeurs à combler les lacunes en matière de compétences. Outre l'accès à la formation via le CPF, de nombreuses politiques ont été mises en place en France afin de former les demandeurs d'emploi. Une grande partie des initiatives de formation sont axées sur le développement des compétences les plus demandées. Bien que le pourcentage de demandeurs d'emploi participant à des formations continues dépasse en France la moyenne de l'Union européenne (14.4 % contre 9.5 % en 2016), l'écart reste important avec des pays avant-gardistes tels que la Suède (43 %) et le Danemark (33 %)[18]. Parmi les demandeurs d'emploi s'engageant dans des études ou une formation en France au troisième trimestre 2016, environ 20 % étaient des chômeurs de longue durée et un peu plus de 20 % n'avaient pas atteint le niveau du lycée (Pôle emploi, 2017).

La formation des demandeurs d'emploi en France relève essentiellement des Conseils régionaux et de Pôle emploi. En 2013, les formations ont été financées à hauteur de 54 % par les régions, et de 23 % par Pôle emploi (Dares, 2015)[19]. Les régions proposent des formations aux demandeurs d'emploi dans le cadre de leur programme de formation régional. Ces programmes de formation tiennent compte des besoins du marché du travail régional, qui sont identifiés en collaboration avec différentes parties prenantes (telles que les organisations d'employeurs, Pôle emploi). La formation financée par les régions cible davantage les jeunes et dure en moyenne plus longtemps (Dares, 2015). Plusieurs régions ont établi des partenariats avec Pôle emploi afin d'accélérer et de simplifier l'accès à la formation des demandeurs d'emploi. En Île-de-France, par exemple, le partenariat prévoit que les régions prennent en charge le financement des formations collectives tandis que Pôle emploi finance les formations individuelles.

Afin d'améliorer leur réinsertion sur le marché de l'emploi, Pôle emploi propose aux demandeurs d'emploi des options de formation adaptées aux besoins locaux et sectoriels par le biais de l'Action de formation conventionnée (AFC). Pour identifier les besoins, Pôle emploi utilise les résultats d'enquêtes menées sur les futurs besoins de recrutement, comme l'enquête « Besoins en main-d'œuvre » ainsi que les apports des parties prenantes locales. Les demandeurs d'emploi n'ayant pas les compétences nécessaires pour les emplois à pourvoir sur leur marché du travail peuvent participer à ces types de formation sur recommandation de Pôle emploi. Le groupe-cible est celui des personnes peu qualifiées, ainsi que les demandeurs d'emploi souhaitant se reconvertir. La formation peut porter sur l'acquisition de compétences spécifiques, comme les langues ou la conduite, ou sur l'acquisition de certains diplômes (par ex., auxiliaire de puériculture). La formation peut être individuelle (auquel cas elle peut être intégrée à une procédure de VAE) ou collective.

Afin d'aider les entreprises ayant des difficultés à recruter un candidat adéquat, Pôle emploi a créé la Préparation opérationnelle à l'emploi (POE). Grâce à cette initiative, les entreprises ont accès à des aides pour une formation interne ou externe lorsqu'elles recrutent une personne ne disposant pas de toutes les compétences nécessaires pour le poste. L'aide couvre un maximum de 400 heures afin de combler les lacunes entre les compétences du nouveau salarié et celles nécessaires au poste qu'il occupe. Bien que la POE soit restreinte aux CDI et aux CDD d'une durée d'au moins 12 mois, une aide similaire, l'Action de formation préalable au recrutement (AFPR), existe pour les contrats plus courts. Lorsque l'aide ne permet pas de financer la totalité de la formation, l'OPCA concerné peut apporter un financement complémentaire. La POE peut être utilisée non seulement par les entreprises, mais aussi par l'ensemble d'un secteur ou d'une branche (POE collective). Dans ce cas, le secteur ou la branche identifie les besoins de formation dans ses entreprises et l'OPCA concerné propose les possibilités de formation nécessaires (en collaboration avec Pôle emploi).

Les demandeurs d'emploi individuels ayant besoin d'une formation pour retrouver un emploi ou pour créer leur propre activité peuvent également bénéficier du financement de Pôle emploi, même si la formation ne fait pas partie de l'AFC ou de la POE/l'AFPR. Cette Aide individuelle à la formation (AIF) doit d'abord être reconnue par un conseiller de Pôle emploi comme étant une mesure utile à l'amélioration de la situation professionnelle du demandeur d'emploi avant d'être approuvée. En 2015, un peu plus de la moitié des formations financées par Pôle emploi relevaient de l'AIF (52.2 %). Le graphique 3.3 montre que l'AFC représentait 25 % des autres formations financées par Pôle emploi, tandis que les 22.7 % restants prenaient la forme de POE ou d'AFPR. Le résultat des activités de formation, mesuré par l'accès à l'emploi dans les six mois suivant la fin de l'activité de formation, varie énormément en fonction du type de formation, les meilleurs résultats sur le marché du travail étant observés pour les participants à l'AFPR et la POE (respectivement, 81.6 % et 84.8 % d'accès à l'emploi).

Graphique 3.3. Formations financées par Pôle emploi : Composition et résultat, 2015

Partie A. Composition de la formation (%)

Partie B. Taux d'accès à l'emploi dans les six mois suivant la fin de la formation

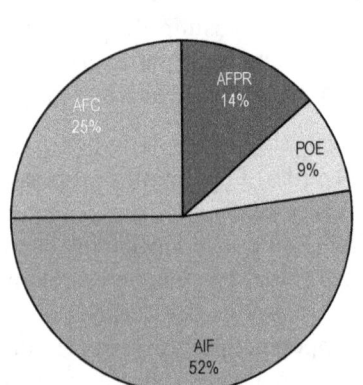
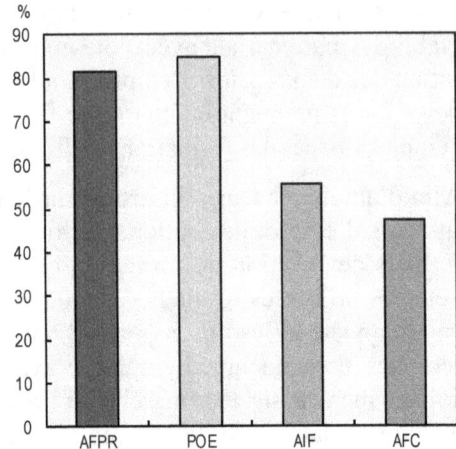

AFC : Action de formation conventionnée ; AFPR : Action de formation préalable au recrutement ; AIF : Aide individuelle à la formation ; POE : Préparation opérationnelle à l'emploi.

Note : La POE comprend uniquement la POE individuelle, la POE collective n'étant pas financée par Pôle emploi.

La mesure de l'accès à l'emploi est d'avoir été employé pendant au moins un mois au cours des six mois suivant la fin de l'activité de formation financée par Pôle emploi.

Source : Pôle emploi (2016), « Formation et Retour à l'emploi », *Éclairages et synthèses*, n° 26.

Reconnaissant l'importance de la formation pour l'entrée ou le retour sur le marché du travail des demandeurs d'emploi, le Gouvernement français a annoncé en janvier 2016 le plan « 500 000 formations supplémentaires » destiné aux personnes en recherche d'emploi, faisant ainsi passer le volume d'actions de formations à 1 million en 2016. Pour ces 500 000 places de formation supplémentaires, le gouvernement a accordé un budget d'un milliard EUR avec des contributions des partenaires sociaux. Le plan vise tout particulièrement les chômeurs peu qualifiés et de longue durée, tout en ouvrant également les actions de formation aux autres demandeurs d'emploi. Le plan mobilise une offre de formation complète : formations qualifiantes et certifiantes, accompagnement à la création d'entreprise ou accompagnement à la validation des acquis de l'expérience. Les formations doivent répondre aux besoins en compétences du marché du travail, c'est pourquoi le plan est mis en œuvre par les régions. Un état des lieux en décembre 2016 a montré que 945 000 actions avaient été utilisées ou planifiées. De plus, en septembre 2016, le taux hebdomadaire d'entrées en formation avait doublé par rapport à celui enregistré l'année précédente. Une évaluation a également montré que la formation était en adéquation avec les besoins régionaux et que plus de 40 % des offres de formation étaient occupées par des chômeurs peu qualifiés et de longue durée. Environ 26 % des participants avaient moins de 26 ans, et 24 % avaient 45 ans ou plus. Le graphique 3.4 montre que la participation aux formations a augmenté dans tous les domaines en 2016 par rapport à 2015. Plus de la moitié de toutes les activités de formation des chômeurs concernaient « le commerce et la gestion », « les langues et le développement personnel » et « les services à la personne ». La politique a été reconduite fin 2016 pour le premier semestre 2017, puis, courant juillet 2017, pour le second semestre.

Graphique 3.4. Participation des demandeurs d'emploi aux formations, 2015-16

Nombre d'entrées en formation

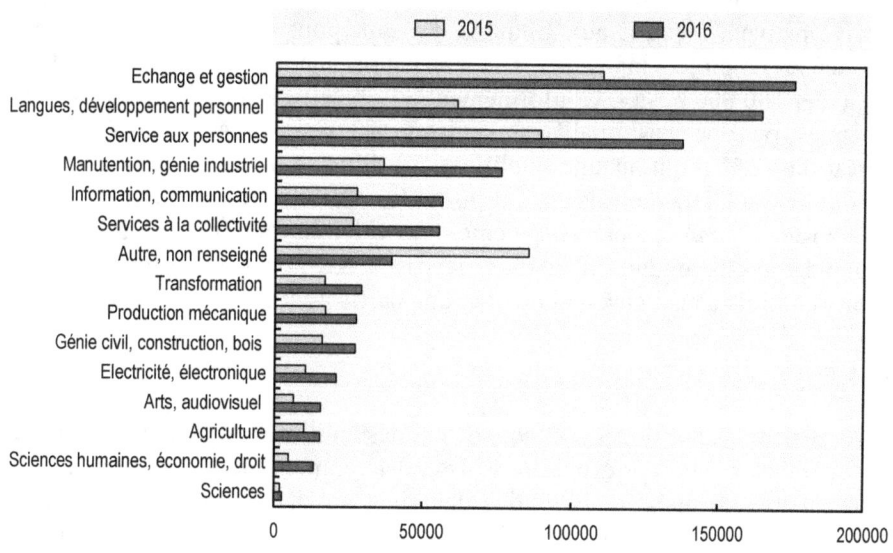

Note : Les données 2016 sont provisoires.

Source : Pôle emploi, fichier des entrées en formation.

Afin d'obtenir une meilleure adéquation entre chômeurs et emplois disponibles, Pôle emploi a changé d'orientation pour privilégier non pas les titres et diplômes, mais les compétences. Le Répertoire opérationnel des métiers (ROME) a été étendu afin d'inclure pour chaque métier les compétences fondamentales et spécifiques nécessaires à l'activité. Par ailleurs, alors que la mise en correspondance entre postes vacants et candidats reposait auparavant essentiellement sur le métier, Pôle emploi a évolué pour utiliser les besoins en compétences spécifiques indiqués par les employeurs. Afin d'aider les employeurs à identifier les compétences nécessaires, un cadre de référence du marché du travail a été mis au point et des suggestions de compétences sont proposées en fonction des demandes de compétences formulées dans des annonces d'emplois à pourvoir similaires. Les employeurs peuvent préciser les compétences qui sont indispensables et celles qui représentent un atout, et ils sont libres d'ajouter des compétences ne figurant pas dans le cadre ROME. Outre les compétences de base et spécifiques, les employeurs peuvent également ajouter des qualités professionnelles. Les personnes en recherche d'emploi ont ainsi plus de facilité pour identifier les compétences à mettre en avant et elles sont encouragées à mettre régulièrement à jour leur profil de compétences. En se basant sur les besoins en compétences des postes à pourvoir et le profil des compétences des demandeurs d'emploi, la mise en correspondance peut aller au-delà des métiers. Pôle emploi n'est pas le seul acteur du recrutement à avoir amélioré sa méthode de mise en relation : de nombreux cabinets ont émergé dans le secteur privé, qui offrent des outils de mise en correspondance sophistiqués à leurs utilisateurs.

En 2012, l'initiative « Emplois d'avenir » a été lancée afin de créer des perspectives d'emploi durables pour les jeunes sans emploi peu qualifiés. L'initiative prévoit une aide pour les employeurs recrutant un jeune âgé de 16 à 25 ans peu ou pas qualifié et sans emploi, pour une période de un à trois ans. Le montant de l'aide s'établit à 75 % du SMIC pour les structures du secteur non marchand et à 35 % pour les autres secteurs.

L'initiative cible en priorité les emplois de service du secteur non marchand ayant une utilité sociale prouvée ou contribuant à la protection de l'environnement, et qui sont susceptibles de constituer une insertion professionnelle durable. Les employeurs du secteur privé peuvent recourir aux Emplois d'avenir pour certaines activités régionales ciblées porteuses de projets innovants. Deux ans après son introduction, l'initiative a déjà permis de créer 150 000 postes. Conformément à l'objectif, l'initiative a surtout bénéficié aux personnes peu ou pas qualifiées, puisque 83 % des participants n'ont pas le baccalauréat (et 42 % n'ont aucune qualification). Plus de la moitié des contrats sont de long terme (CDI ou CDD de trois ans) et 90 % des postes sont à temps plein. Une partie élevée des postes (77 %) comprend également un volet de formation. Fort de son succès, le programme a été reconduit en 2015. Une partie des nouveaux Emplois d'avenir est réservée aux emplois dans l'enseignement et une partie pour les régions d'outre-mer.

Aide à l'orientation professionnelle

Non seulement les politiques s'attaquant aux déséquilibres en matière de compétences devraient chercher à faire correspondre l'offre et le contenu des formations aux besoins du marché du travail, mais les individus devraient aussi être encouragés à choisir des voies d'enseignement et de formation répondant aux demandes de compétences. Des conseils en matière d'orientation professionnelle justes et dispensés au bon moment peuvent aider les étudiants dans leur choix de formation et de carrière. De même, les adultes souhaitant se reconvertir ou consolider leurs compétences devraient pouvoir accéder facilement à des informations sur les débouchés des différentes offres de formation.

Afin de mieux aider les élèves à choisir leur formation et leur carrière, le parcours Avenir a été créé en 2013 pour permettre à chaque élève de la classe de 6ème à la classe de terminale de construire son parcours d'information, d'orientation et de découverte du monde professionnel. Ces parcours ont pour ambition d'aider tous les élèves du secondaire à comprendre le monde professionnel, à découvrir la diversité des métiers et des formations, et à développer leur sens de l'engagement et de l'initiative. Cela doit aider les élèves à progressivement identifier leur propre parcours de formation et d'insertion. Plusieurs entretiens personnalisés d'orientation sont organisés entre les enseignants et les élèves (et éventuellement leur famille) afin d'apporter une aide personnalisée. Un partenariat école-entreprise a été mis en place pour aider les élèves à découvrir le monde du travail, promouvoir l'enseignement professionnel et mieux comprendre les besoins des employeurs. L'un des objectifs de cette présentation du monde du travail aux élèves est qu'ils puissent analyser la demande et l'offre du marché du travail, et par conséquent identifier les métiers saturés ou en tension.

En collaboration avec les employeurs, les établissements scolaires peuvent organiser différentes activités permettant aux élèves de découvrir et comprendre le monde du travail. Tout au long du secondaire, les élèves doivent avoir au moins i) participé à une visite d'entreprise organisée, ii) rencontré un professionnel issu du monde du travail (c'est-à-dire, avoir assisté à la présentation par un salarié ou un travailleur indépendant de son emploi ou de son secteur), iii) participé à un projet supervisé (par ex., monter une mini-entreprise), et iv) réalisé le stage obligatoire. L'encadré 3.5 donne des exemples d'autres activités possibles. L'application *Folios* a été développée afin de suivre les activités des élèves liées au monde du travail. Pour faciliter la création de partenariats entre écoles et employeurs, et par conséquent l'organisation d'activités pour les élèves, les chefs d'établissements doivent participer à un stage obligatoire dans le monde du travail.

Encadré 3.5. Découvrir le monde du travail : Activités pour les étudiants du second degré

Classe en entreprise

En 2009, la Fédération des industries électriques, électroniques et de communication a lancé le concept de la Classe en entreprise, afin que les élèves puissent découvrir le secteur et ses métiers, et renforcer ainsi leur attrait. Le principe de l'initiative est qu'une classe s'installe dans les locaux d'une entreprise pour suivre ses cours habituels pendant quelques jours. Des plages horaires sont prévues pour découvrir le lieu de travail et les élèves découvrent par petits groupes les différents métiers et la vie de l'entreprise sous la supervision d'un salarié.

Semaine de l'Industrie

Depuis 2011, la Semaine de l'Industrie est organisée tous les ans afin de promouvoir les carrières du secteur manufacturier auprès du grand public, et en particulier auprès des jeunes. Un large choix d'événements est proposé au public afin de découvrir un secteur innovant, moderne et respectueux de l'environnement. Ils peuvent prendre de multiples formes : visites d'entreprise, conférences, interventions de professionnels du secteur et foire à l'emploi. En 2016, la Semaine de l'industrie a attiré environ 300 000 participants autour de plus de 2 500 événements.

Stages

Tous les élèves de classe de troisième doivent obligatoirement faire un stage de cinq jours au cours de l'année scolaire. Le stage peut avoir lieu sur cinq journées consécutives, ou réparti en plusieurs fois. L'objectif du stage est que les élèves puissent observer le fonctionnement de l'entreprise au jour le jour. Les élèves trouvent en général le stage en utilisant des réseaux informels. Il existe toutefois des plateformes régionales et au niveau des établissements qui publient des offres de stage afin d'aider les élèves ayant du mal à en trouver un. Outre ces stages obligatoires, les élèves peuvent participer, sur la base du volontariat, à des stages semblables de courte durée (un à cinq jours) pendant les vacances scolaires. Ces mini-stages sont une initiative des chambres de commerce et d'industrie (CCI).

La Loi LRU de 2007 mentionne explicitement que l'un des objectifs des universités est de favoriser le passage des étudiants du monde universitaire vers celui du travail. À cette fin, la loi a rendu obligatoire l'établissement d'un Bureau d'aide à l'insertion professionnelle (BAIP) dans chaque université, la Loi ESR venant préciser le rôle des BAIP. Le rôle principal des BAIP est de fournir aux étudiants une offre variée d'offres de stage et d'emploi correspondant à la formation proposée à l'université. Les BAIP donnent également des conseils aux étudiants qui peinent à s'insérer sur le marché du travail, en les aidant à se préparer aux entretiens d'embauche et à se renseigner sur les entreprises qui publient des offres d'emploi ou de stage. Une autre mission importante des BAIP consiste à collecter des données sur l'insertion des étudiants sur le marché du travail. Le taux d'emploi des étudiants un et deux ans après l'obtention du diplôme doit être publié. Ces informations peuvent en retour aider les étudiants actuels et futurs dans leurs choix d'orientation et de carrière.

Les étudiants ne sont pas les seuls à avoir besoin de conseils de qualité en matière d'orientation professionnelle : les personnes ayant quitté le système éducatif souhaitent elles aussi bénéficier d'informations sur les possibilités d'évolution professionnelle et d'une aide à la reconversion professionnelle. C'est pourquoi le Conseil en évolution professionnelle (CEP) a été créé en 2014. Il s'agit d'un dispositif gratuit et personnalisé pour accompagner les personnes dans leur projet de développement professionnel : celles qui décident de poursuivre leur projet reçoivent une aide afin de le concrétiser. Plus précisément, les personnes peuvent bénéficier d'un entretien individuel afin d'analyser leur situation professionnelle, recevoir des conseils sur la définition du projet professionnel et être accompagnées pour la mise en œuvre de ce projet. Le CEP est accessible à tout actif. Cinq organismes sont habilités à délivrer le CEP, parmi lesquels Pôle emploi et les Opacif. Les employeurs doivent informer leurs salariés de l'existence du CEP et tous les salariés peuvent décider de participer au CEP sans devoir en informer leur employeur. En 2015, plus de 700 000 personnes ont participé au CEP, dont deux tiers étaient à la recherche d'un emploi.

Afin d'aider le public dans ses choix professionnels, le ministère de l'Éducation met à disposition des informations sur les métiers sur le site web de l'Onisep, l'Office national d'information sur les enseignements et les professions. Pour chaque métier, une fiche métier expose la nature du travail, les compétences requises, les caractéristiques du métier, des indications sur la carrière et le salaire, l'accès au métier et les formations disponibles, des témoignages et des liens utiles. Outre le site web général, de nombreux autres acteurs ont créé des sites de conseil en orientation professionnelle. Premièrement, les branches professionnelles disposent de leur propre site web qui décrit en détail les métiers du secteur. Deuxièmement, les régions ont également des sites d'orientation professionnelle décrivant les métiers. L'encadré 3.6 donne des exemples de bonnes pratiques dans quelques régions. Troisièmement, Pôle emploi publie des profils régionaux en ligne présentant les secteurs et les métiers pour lesquels la demande est la plus forte, sur la base des informations disponibles sur les postes à pourvoir. Ils contiennent des informations détaillées sur les métiers, de manière semblable aux fiches métiers de l'Onisep mais avec également des détails sur les compétences requises sur la base du cadre ROME. Le site web contient en outre des liens directs vers les postes vacants dans les métiers et les secteurs de la région. Dans une tentative de rassembler toutes les informations fournies par l'État, les régions et les secteurs, le site web « Orientation pour tous » a été lancé en 2011.

> **Encadré 3.6. Sites web d'orientation professionnelle :
> Meilleures pratiques des régions françaises**
>
> **Provence-Alpes-Côte d'Azur**
>
> Outre la description détaillée des métiers de l'Onisep, le portail Orientation formation métier de la région Provence-Alpes-Côte d'Azur propose pour chaque métier des chiffres clés, des liens vers les offres d'emploi de Pôle emploi et vers les formations correspondantes dans la région. Les chiffres clés sont présentés sous la forme d'un outil interactif qui permet de mieux comprendre la place du métier dans la région. Une carte permet de visualiser les zones d'emploi les plus importantes de chaque métier choisi. Des informations indiquent également les grands secteurs employant ce métier, avec des liens vers les coordonnées des employeurs (sur le site des pages jaunes). L'outil montre aussi le profil par âge et par sexe des salariés du secteur dans la région. Le public peut ainsi avoir une meilleure idée du niveau de demande du métier, des tendances de croissance de l'emploi au cours des deux dernières années, des projets de recrutement par Pôle emploi, du niveau d'embauches en CDI et du caractère saisonnier ou non de l'activité. Les données sont faciles à appréhender grâce à l'utilisation de trois types de smileys (visage souriant, neutre ou triste). Le salaire moyen du métier est également précisé. Enfin, une liste des métiers proches est fournie. Toutes les données peuvent être affichées pour l'ensemble de la région ou pour des territoires spécifiques.
>
> **Auvergne-Rhône-Alpes**
>
> Le portail de conseil en orientation de la région Auvergne–Rhône-Alpes contient des informations détaillées sur le marché du travail pour tous les emplois, sous la forme d'un bulletin météo. À l'aide des symboles météorologiques habituels (pluvieux, nuageux, ensoleillé, etc.), le site web permet de visualiser la situation dans la région et ses départements concernant l'emploi et les possibilités d'embauche. Chaque profil de métier contient également des données sur le niveau de formation nécessaire, les types d'emplois et les horaires de travail présentées de manière visuellement attrayante, ainsi que les secteurs employant le plus ces métiers. Une brève description indique les perspectives de recrutement à court et long terme, d'après les résultats des enquêtes « Besoins en main-d'œuvre » et « Métiers en 2022 ». Les données habituelles sur les fonctions, les compétences et la formation requise sont également indiquées, avec des liens vers les formations et les offres d'emploi dans la région. Le portail dispose aussi d'un outil séparé afin de découvrir les métiers qui recrutent dans la région. Pour chaque département, trois listes interactives sont disponibles : i) les métiers qui recrutent des effectifs importants, ii) les métiers dont le nombre de recrutements est en hausse, iii) les métiers en manque de candidats.

Migrations

L'enseignement et la formation ne sont pas les seules voies pour améliorer l'offre de compétences requises. Une autre possibilité consiste à recruter des travailleurs qualifiés étrangers et elle s'avère particulièrement intéressante lorsque le besoin à pourvoir est urgent, ou que les programmes de formation sont longs ou n'existent pas encore. Un allègement des règles et des démarches administratives nécessaires à l'embauche des immigrés possédant des compétences très demandées pourrait faciliter le recours à ce type d'apport de compétences.

Les employeurs français souhaitant recruter un ressortissant hors UE pour pourvoir un poste vacant doivent tout d'abord prouver qu'ils n'ont pas été en mesure de recruter quelqu'un sur le marché local en dépit d'importants efforts de recherche. Cela implique que les employeurs doivent apporter la preuve qu'ils ont cherché des candidats convenables par le biais de Pôle emploi ou d'autres cabinets de recrutement. Pour toutes les candidatures reçues, l'employeur doit indiquer pourquoi le candidat local ne répondait pas aux critères requis pour le poste. Il doit également décrire les qualifications professionnelles du candidat hors UE retenu et montrer que ses compétences et son expérience correspondent aux exigences du poste. Ces informations, ainsi que les statistiques régionales et professionnelles sur le nombre de demandeurs d'emploi et d'offres d'emploi, sont utilisées par le Service de la main-d'œuvre étrangère afin de décider si les particularités du poste ou des compétences requises justifient le recrutement du candidat hors UE retenu. Par ailleurs, l'employeur doit démontrer que les conditions de travail et le salaire du travailleur hors UE seront identiques à ceux des autres salariés du secteur, que le salarié hors UE percevra au moins le SMIC, et que le droit au travail et le droit à la protection sociale seront garantis (REM, 2015).

Afin de faciliter l'emploi des travailleurs hors UE aux postes souffrant d'une pénurie de candidats sur le marché du travail français, l'obligation de prouver les efforts de recrutement d'un candidat adéquat sur le marché local a été levée pour certains métiers[20]. La liste des métiers pour lesquels cette exception est valable a été créée en 2008, d'après les informations sur les tensions du marché du travail. À partir d'une liste provisoire de 150 métiers ouverts aux ressortissants des autres pays de l'Union européenne, les métiers connaissant de fortes tensions sur le marché de l'emploi ont été retenus. Afin de faciliter en priorité le recrutement dans les emplois hautement qualifiés par rapport aux emplois peu qualifiés, le seuil de l'indicateur de tension a été fixé à un niveau plus bas pour les métiers exigeant un niveau de qualification plus élevé. Cette méthode a permis d'élaborer une liste nationale de 30 métiers. À partir de celle-ci, des listes régionales ont été créées afin de ne conserver que les métiers de la liste nationale pour lesquels la situation sur le marché du travail régional est très tendue. Après consultation avec les parties prenantes, la liste nationale a été réduite à 15 métiers en 2011. Mais cette actualisation a été révoquée en 2012 pour procédure irrégulière et la liste de 2008 a été réintroduite. Des accords bilatéraux avec certains pays peuvent inclure d'autres métiers pour lesquels les mêmes règles s'appliquent (REM, 2015).

Notes

1. L'inscription à ce programme D2E est obligatoire pour les jeunes diplômés souhaitant obtenir le statut d'étudiant-entrepreneur.

2. Loi du 10 juillet 2014 sur l'encadrement des stages.

3. Outre les CQP spécifiques à une branche, les partenaires sociaux peuvent également délivrer des Certificats de qualification professionnelle interbranches (CQPI). Ces certificats sont conçus par deux ou plusieurs branches, lorsque les qualifications couvrent des compétences et des activités communes à plusieurs branches ou très similaires.

4. Les personnes percevant une prime d'activité, l'allocation spécifique de solidarité ou l'allocation aux adultes handicapés et celles employées en vertu d'un contrat unique d'insertion sont éligibles au contrat de professionnalisation.

5. Dans la région Alsace-Moselle, la taxe est limitée à 0.44 % de la masse salariale et comporte seulement la part régionale et la part « quota ».

6. Les contrats de volontariat international en entreprise (VIE) et ceux bénéficiant d'une convention industrielle de formation par la recherche (CIFRE) représentent également environ 5 %. Le seuil est réduit à 3 % pour les entreprises qui augmentent de 10 % le nombre de salariés éligibles (c.-à-d. apprentis, VIE, etc.) par rapport à l'année précédente ou pour celles qui sont couvertes par un accord prévoyant une croissance annuelle d'au moins 10 % des salariés embauchés avec de tels contrats.

7. D'autres aides existent à l'embauche de personnes handicapées en contrat d'apprentissage ou de professionnalisation.

8. En 2017, le CPF a été intégré au compte personnel d'activité, permettant la fusion de multiples comptes existants.

9. *Pour être éligibles au CPF les formations doivent être sanctionnées par i) une certification professionnelle enregistrée au RNCP, ii) une certification recensée à l'inventaire CNCP, ou iii) un CQP(I), ou iv) être retenues par les régions, Pôle Emploi ou AGEFIPH pour les demandeurs d'emploi.*

10. Toutes les personnes ayant un projet d'entreprise artisanale doivent obligatoirement suivre un Stage Préalable à l'Installation de 4 jours destiné à les aider à monter et gérer une entreprise.

11. Les seules restrictions à la participation sont liées à l'ancienneté. Une période de temps minimum est également requise entre deux périodes de congés de formation.

12. L'employeur peut repousser le congé, de 9 mois au plus, dans certaines circonstances précises.

13. Depuis 2016, seules les entreprises de moins de 10 salariées sont exonérées de la contribution au financement du CIF, voir tableau 3.1.

14. La participation à la VAE pour des certifications non reconnues par l'État n'est pas comptabilisée.

15. L'obligation de faire un état des lieux récapitulatif a été introduit en 2014 avec la Loi n° 2014-288 relative à la formation professionnelle, à l'emploi et à la démocratie sociale, et par suite ne sera pas mise en pratique avant 2020.

16. En pratique, une sanction forfaitaire est appliquée aux employeurs afin qu'ils financent 100 (130) heures CPF pour les travailleurs à temps plein (partiel), ce qui correspond à 3000 EUR (3900 EUR).

17. Cette limitation de la redistribution des fonds du Plan de Formation a été imposée du fait que la redistribution de ce type de fonds était modeste et principalement dirigée des petites entreprises vers les grandes (Dares, 2014). D'après les nouvelles règles, les OPCA peuvent redistribuer les fonds du Plan de formation collectés auprès d'entreprises d'au moins 50 salariés vers celles comptant moins de 50 salariés.

18. Ces données Eurostat portent sur la participation des personnes âgées de 25 à 64 ans à des actions de formation au cours des quatre dernières semaines.

19. Le reste des coûts de formation est financé par les OPCA (8 %), l'État (7 %), les personnes formées (4 %) et par d'autres financeurs publics tels que l'Agefiph et les ministères (4 %).

20. Certains groupes spécifiques de travailleurs hors UE hautement qualifiés, tels que les artistes réputés, les scientifiques, les détenteurs de la carte bleue européenne, les entrepreneurs hautement qualifiés, les investisseurs et les titulaires d'un master à la recherche d'un premier emploi, sont dispensés d'obtenir une autorisation auprès du Service de la main-d'œuvre étrangère.

Références

Céreq (2017), « Les blocs de compétences dans le système français de certification professionnelle : un état des lieux », *Céreq échanges*, n° 4.

CNCP – Commission nationale des certifications professionnelles (2016), *Rapport d'activité 2016*.

CSA – Consumer Science & Analytics (2016), « Regards croisés sur le statut d'étudiant-entrepreneur (SNEE) ».

Dares – Direction de l'animation de la recherche, des études et des statistiques (2015), « La formation professionnelle des personnes en recherche d'emploi en 2013 : Stabilité des entrées en formation », *Dares Analyses*, n° 030.

FPSPP – Fonds paritaire de sécurisation des parcours professionnels (2014), *Enquête quantitative – Congé individuel de formation 2014*.

France Stratégie (2016), *Programme d'investissement d'avenir : Rapport du comité d'examen à mi-parcours*, France Stratégie, Paris.

Giret, J.-F. et S. Issehnane (2012), « L'effet de la qualité des stages sur l'insertion professionnelle des diplômés de l'enseignement supérieur », *Formation emploi*, 117, pp. 29-47.

Lemistre, P. (2013), « Le déclassement : Entre mythe et réalité », *Alternatives économiques, Un diplôme, et après?*, Hors-série pratique, No. 059.

Pôle emploi (2017), « Les entrées en formation des demandeurs d'emploi au 3e trimestre 2017 », *Statistiques et Indicateurs*, n° 17.005.

Prévost, J. (2012), « L'emploi des jeunes », *Les avis du Conseil économique, social et environnemental, 2012-16*, Paris.

REM – Réseau européen des migrations (2015), *Déterminer les pénuries de main-d'œuvre et les besoins de la migration économique*, Point de contact français du REM, Paris.

République française (2017), *Annexe au projet de loi de finance pour 2017 – formation professionnelle*, France.

Chapitre 4

Enjeux et recommandations pour la France

> *En dépit de l'éventail de mesures mises en oeuvre pour remédier aux déséquilibres observés en matière de compétences en France, certaines difficultés demeurent. Ce chapitre se concentre sur les enjeux les plus importants, et propose des recommandations qui peuvent être utilisées par les acteurs publics et privés pour améliorer les compétences dans le pays. Des exemples de bonnes pratiques provenant d'autres pays permettent d'illustrer la façon dont les politiques publiques peuvent s'attaquer effectivement aux déséquilibres de compétences. Ces recommandations et ces exemples peuvent aider les décideurs français à concevoir ou à redéfinir des politiques pour réduire les pénuries, les surplus et les inadéquations de compétences.*

Coordination de l'évaluation des besoins en compétences

La réussite des mesures adoptées pour s'attaquer aux déséquilibres en matière de compétences dépend essentiellement des informations disponibles sur les pénuries et les excédents de compétences, ainsi que sur l'inadéquation entre l'offre et la demande. La France a conscience de l'importance de l'évaluation des besoins en compétences, et procède à de nombreuses analyses différentes pour recenser les déséquilibres en la matière. Les prévisions, les enquêtes auprès des employeurs et les indicateurs de la tension sur le marché du travail fondés sur les données relatives aux vacances d'emplois sont autant d'outils utiles pour comprendre quels secteurs et quelles professions sont touchées par ces déséquilibres et pour en évaluer l'ampleur. Néanmoins, en dépit de ces outils bien établis d'évaluation des besoins en compétences, la France doit encore relever un défi majeur, qui consiste à harmoniser les données issues de sources différentes afin de dresser un tableau complet des déséquilibres en matière de compétences.

La France pâtit notamment d'un manque de coordination entre les différentes parties prenantes, ce qui ne permet pas de rassembler en une seule analyse les informations issues de sources diverses. La multitude d'informations issues des évaluations des besoins en compétences, tant à l'échelon national et régional que sectoriel, est source de confusion pour les utilisateurs. C'est pourquoi il serait utile de centraliser toutes les informations disponibles, afin d'aider les utilisateurs à comprendre facilement les déséquilibres aux niveaux national, régional et sectoriel. En Autriche, le Baromètre des compétences regroupe différentes sources d'information, comme les données sur les vacances d'emploi, les statistiques du marché du travail et les prévisions, afin de fournir aux utilisateurs des informations fiables, faciles à interpréter et structurées sur les besoins en compétences actuels et à venir.

L'amélioration de la coordination entre les différentes parties prenantes pourrait aussi avoir un impact positif sur la qualité de chaque évaluation menée, en permettant de partager les meilleures pratiques tant sur le plan de la méthodologie utilisée pour l'évaluation des besoins en compétences que sur celui de la présentation des résultats. Le Réseau emploi compétences (REC), créé en 2014 et qui réunit différentes parties prenantes, pourrait être renforcé afin de devenir une plateforme de partage des informations et de coopération.

Encadré 4.1. Recommandations : Évaluation des besoins en compétences

- Faciliter le partage de connaissances entre les parties prenantes mobilisées dans l'évaluation des besoins en compétences aux niveaux national, régional et local au moyen d'une plateforme de coordination. Le Réseau emploi compétences (REC) pourrait être renforcé afin d'assumer cette responsabilité.

- Regrouper les informations issues de sources différentes (prévisions, enquêtes, données sur les vacances d'emplois) afin de procéder à une évaluation globale des déséquilibres en matière de compétences.

- Présenter les informations issues de cette évaluation globale sous un format pratique, afin d'atteindre un vaste public.

- Promouvoir l'utilisation des différentes évaluations des besoins en compétences et de l'évaluation globale auprès des responsables de l'action publique, afin qu'elles puissent étayer efficacement les politiques publiques.

Équité dans l'enseignement et la formation

En France, le niveau des adultes en termes de compétences élémentaires est faible par comparaison avec de nombreux autres pays de l'OCDE : il ressort en effet de l'enquête PIAAC que 31 % des adultes français ont un faible niveau de compétence à l'écrit ou en mathématiques, contre 26 % en moyenne dans l'OCDE. Si le niveau d'instruction est orienté à la hausse en France, une grande partie des élèves quittent encore le système scolaire sans avoir achevé le deuxième cycle du secondaire. La proportion de jeunes qui sortent prématurément du système scolaire en France a reculé de 12.7 % en 2010 à 8.9 % en 2016, mais elle reste élevée par rapport à de nombreux autres pays européens. Le milieu familial dont sont issus les élèves est un déterminant clé de la probabilité d'abandonner prématurément sa scolarité (Dardier et al., 2013). D'une manière générale en France, les résultats scolaires sont fortement influencés par le milieu socioéconomique d'origine. Selon les derniers résultats du PISA, 40 % des élèves français issus de milieux défavorisés ont des résultats scolaires médiocres, tandis que la part des élèves de milieux défavorisés parmi les meilleurs élèves n'atteint que 2 %.

Pour atténuer l'influence du milieu socioéconomique sur les résultats scolaires, il convient d'assurer un accompagnement personnalisé aux élèves. L'attribution de financements suffisants aux établissements qui accueillent un grand nombre d'élèves de milieux défavorisés devrait permettre de veiller à ce que ces derniers aient accès au soutien dont ils ont besoin. Les enseignants, et surtout ceux qui exercent dans ces établissements, doivent être mieux formés (p.ex. pédagogie, neurosciences, psychologie de l'enfant) pour détecter les problèmes potentiels le plus tôt possible et assurer le soutien nécessaire. Les réformes mises en œuvre dans l'éducation prioritaire, c'est-à-dire dans les établissements situés dans des zones défavorisées, ont permis d'allouer des ressources de formation et des outils supplémentaires afin d'aider les enseignants à faire face aux besoins des élèves défavorisés, tout en renforçant l'attractivité de la profession d'enseignant dans le réseau d'éducation prioritaire. Par ailleurs, les élèves qui n'ont pas achevé le deuxième cycle du secondaire doivent avoir la possibilité de reprendre plus facilement leurs études. Depuis 2015, tous les jeunes de 16 à 25 ans ayant quitté l'école ont le droit de reprendre leurs études, et des investissements ont été consentis pour leur faire savoir qu'ils ont cette possibilité, pour fournir des bourses à ceux qui souhaitent revenir à l'école et pour assurer un nombre de places suffisant.

Les inégalités ne se manifestent pas uniquement pendant la formation initiale : elles concernent également la formation continue. Comme dans la plupart des pays, les adultes peu qualifiés ont moins de chances de suivre des programmes de formation en France. Ce constat est valable à la fois pour ceux qui occupent un emploi et pour les chômeurs. Il faut inciter davantage les employeurs à offrir des possibilités de formation à leurs salariés peu qualifiés. Dans d'autres pays, les partenaires sociaux ont mis en place des fonds de formation principalement ciblés sur les travailleurs peu qualifiés (encadré 4.2). Il faut que les organismes publics et les employeurs promeuvent activement, auprès des travailleurs peu qualifiés, les possibilités de formation continue existantes et les programmes de soutien disponibles. Le SPE devrait redoubler d'efforts pour offrir des formations aux chômeurs peu qualifiés. Le Plan 500 000 formations, qui cible plus particulièrement les travailleurs peu qualifiés, marque une avancée dans la bonne direction, puisque la part des chômeurs peu qualifiés dans le total des chômeurs suivant une formation a augmenté en 2016. Les adultes peu qualifiés pourraient tirer profit de modalités de formation plus flexibles, nombre d'entre eux pouvant être réticents à l'idée de suivre une formation en classe.

> **Encadré 4.2. Recommandations : Équité dans l'enseignement et la formation**
>
> - Pour atténuer l'influence du milieu socioéconomique sur les résultats scolaires, les établissements devraient assurer un accompagnement personnalisé adéquat. Les enseignants devraient recevoir une formation spécialisée en pédagogie pour qu'ils puissent fournir l'aide sur mesure nécessaire. Une formation complémentaire est nécessaire dans les établissements appartenant au réseau d'éducation prioritaire.
>
> - Les jeunes qui ont quitté l'école avant d'avoir obtenu leur diplôme du deuxième cycle du secondaire devraient avoir suffisamment de possibilités de reprendre leur scolarité. Il faut analyser les obstacles qui empêchent les personnes de participer à des activités de formation et proposer un accompagnement ciblé.
>
> - Il faut promouvoir activement, auprès des travailleurs peu qualifiés et des chômeurs, les possibilités de formation continue existantes et les programmes de soutien disponibles. Ces actions de promotion doivent relever de la responsabilité partagée des pouvoirs publics, des employeurs et du SPE.
>
> - Il faut libérer davantage de ressources au profit des personnes qui ont le plus besoin de formation, comme les travailleurs peu qualifiés ou plus âgés.
>
> - Éliminer les obstacles non financiers à la participation à la formation continue, en mettant en place des programmes flexibles et innovants de formation des adultes. Les formations atypiques, comme les formations en modules ou les cours en ligne, pourraient être utiles aux personnes qui ne peuvent pas consacrer tout le temps qu'elles le souhaiteraient à leur formation ou à celles qui appréhendent de reprendre une formation traditionnelle en classe.

> **Encadré 4.3. Fonds de formation mis en place par les partenaires sociaux :
> Exemples de pratiques optimales**
>
> **Grande-Bretagne : Union Learning Fund**
>
> En Grande-Bretagne, l'*Union Learning Fund* reçoit des financements publics afin de subventionner les programmes de formation que les syndicats jugent importants pour leurs adhérents, en consultation avec les employeurs, les salariés et les organismes de formation. L'offre de formations reflète généralement les politiques publiques en place en matière de compétences, l'accent étant actuellement mis sur les compétences de base. Selon l'enquête Union Learning Evaluation de 2016 réalisée auprès des formés, ces derniers sont relativement plus susceptibles d'acquérir des *soft skills* (confiance en soi, perfectionnement professionnel et capacités de planification) que des compétences techniques (compétences professionnelles, écrit, mathématiques, langues ou maîtrise des outils informatiques), et la plupart estiment que les compétences acquises pourraient être appliquées dans le cadre d'un nouvel emploi. Les représentants d'Union Learning ont pour mission de promouvoir la formation auprès de leurs collègues, qu'ils soient adhérents à un syndicat ou non. Ces représentants se mobilisent auprès des travailleurs peu qualifiés, qui ont moins de chances de pouvoir suivre une formation. En effet, les travailleurs qui se forment dans ce cadre sont principalement les travailleurs plus âgés et ceux qui n'ont aucun diplôme. Les travailleurs peu qualifiés sont ceux qui obtiennent les meilleurs résultats, puisque plus de deux tiers des formés sans aucun diplôme atteignent un niveau de qualification supérieur (Stuart et al., 2016).
>
> **Belgique : Fonds de formation sectoriel des titres-services**
>
> En Belgique, les partenaires sociaux ont créé le Fonds de formation sectoriel des titres-services, dédié à la formation des travailleurs occupant des emplois fondés sur les « titres-services ». Les travailleurs qui occupent ces emplois généralement peu qualifiés ont difficilement accès à la formation. L'objectif de ce fonds consiste à accroître de 10 % la participation à la formation. Il subventionne une partie du coût supporté par les employeurs pour former leurs salariés, et la formation doit avoir un lien avec les tâches réalisées dans le cadre du poste occupé. Le fonds travaille en étroite collaboration avec le SPE belge et d'autres organismes proposant des formations certifiées. Depuis sa création, la participation aux activités de formation a considérablement augmenté dans le secteur, passant de 14.1 % des salariés en 2006 à 38.2 % en 2011 (SPF Emploi, Travail et Concertation sociale, 2013).
>
> *Source* : Stuart, M. et al. (2016), *Evaluation of the Union Learning Fund Rounds 15-16 and Support Role of Unionlearn: Final Report*, Centre for Employment Relations Innovation and Change, University of Leeds ; Marchmont Observatory, University of Exeter, SPF Emploi, Travail et Concertation sociale (2013), *Fonds de formation titres-services – Rapport d'évaluation 2011-2012*, Secrétariat de la Commission fonds de formation titres-services, Bruxelles.

Participation à l'enseignement professionnel

La popularité de la filière professionnelle dans l'enseignement secondaire tend à diminuer en France. Le nombre d'élèves inscrits en filière professionnelle dans le deuxième cycle du secondaire a diminué de 9 % entre 1995 et 2015, tandis que les effectifs des filières en alternance dans le deuxième cycle du secondaire ont reculé de 2.5 % environ (DEPP, 2016). Les effectifs les plus importants des filières professionnelles concernent la vente, l'électricité et l'électronique, le commerce multi-spécialités, les spécialités sanitaires et sociales, et l'agroalimentaire et la restauration. Les programmes en alternance du deuxième cycle du secondaire concernent principalement les industries transformatrices, les services à la personne, et l'ingénierie civile, la construction et le bois. Dans l'ensemble, de nombreux élèves des filières professionnelles se spécialisent dans des secteurs et dans des professions qui déclinent, tandis que les possibilités qui leur sont offertes de se spécialiser dans des secteurs émergents sont limitées. D'autres pays étendent leurs programmes en alternance aux secteurs à forte croissance et aux nouveaux domaines où des besoins en compétences se dessinent (encadré 4.4).

> **Encadré 4.4. Étendre la formation en alternance aux secteurs à forte croissance :
> Exemples de pratiques optimales**
>
> **États-Unis**
>
> Ces dernières années, l'United States Office for Apprenticeships a redoublé d'efforts pour étendre et moderniser le programme Registered Apprenticeships. Ainsi, depuis 2004, le gouvernement encourage la création de nouveaux programmes d'apprentissage dans des secteurs à forte croissance, comme la santé, l'industrie manufacturière de pointe, les technologies de l'information, le transport maritime, l'armée, les technologies géospatiales et la biotechnologie. La plupart de ces secteurs n'ayant jamais eu recours à l'apprentissage, un capital de démarrage a été alloué pour mettre au point des programmes adaptés. Dans tous les secteurs, des initiatives d'ouverture en faveur de l'apprentissage ont été mises en œuvre. En 2007, les secteurs à forte croissance représentaient 46 % de tous les nouveaux programmes créés et 30 % des apprentis en activité (OCDE, 2009).
>
> **Irlande**
>
> En 2014, le Gouvernement irlandais a publié un examen complet de son système d'apprentissage, qui a abouti à deux initiatives majeures. La première a été de passer en revue les programmes d'apprentissage existants et d'en poursuivre le développement, afin de préserver leur pertinence et leur qualité. La deuxième a été de développer de nouveaux programmes d'apprentissage dans des domaines nouveaux où émergent des besoins en compétences. Une nouvelle autorité de tutelle (Apprenticeship Council) a été créée pour prodiguer des conseils sur l'élaboration de ces nouveaux programmes et y apporter son concours. Elle a ainsi lancé un appel à projets, fondé sur différents critères comme la durée minimum de l'apprentissage et la portion minimum de formation en entreprise. Des projets ont été soumis par des consortiums composés notamment d'employeurs, d'entreprises et de prestataires de services d'enseignement et de formation. À l'issue d'une évaluation minutieuse, une série de projets ont été retenus et développés. Ces nouveaux programmes d'apprentissage sont mis en œuvre progressivement.
>
> *Source* : OCDE (2009), *Jobs for Youth/Des emplois pour les jeunes: United States 2009*, Éditions OCDE, Paris, http://dx.doi.org/10.1787/9789264075290-en.

Par rapport à d'autres pays de l'OCDE, la proportion d'élèves des filières professionnelles du secondaire qui poursuivent des études supérieures en France est restreinte (OCDE, 2015b). En 2014, 34.4 % des lauréats du bac professionnel s'inscrivaient dans le supérieur, contre 79.2 % des titulaires du bac technologique et 99.4 % des lauréats du bac général. 8.4 % seulement des titulaires du bac professionnel s'inscrivent à l'université, et une très faible part (0.6 %) poursuivent leurs études en DUT (diplôme universitaire de technologie) (DEPP, 2016)[1]. Étant donné que de nombreux diplômés des filières générales poursuivent leurs études dans l'enseignement supérieur professionnel, le nombre de places pourrait être insuffisant pour accueillir tous les diplômés de l'enseignement professionnel. Le taux de réussite dans l'enseignement supérieur professionnelle des étudiants venant des filières professionnelles est inférieur à celui des étudiants du Bac Général ou Bac Technologique (Ministère de l'Enseignement supérieure et de la Recherche, 2012), suggérant que un meilleur accompagnement pourrait être nécessaire.

Sur le marché du travail, les diplômés du deuxième cycle de l'enseignement secondaire professionnel enregistrent des résultats nettement moins bons que ceux des diplômés du supérieur. Parmi les élèves qui ont quitté le système scolaire en 2010 au niveau V du secondaire (ce qui correspond au CAP ou au BEP), 31 % étaient au chômage trois ans après (soit en 2013) (Céreq, 2015). Cette proportion est beaucoup moins importante parmi les diplômés du bac professionnel et du bac technologique (20 %), et les diplômés de l'enseignement supérieur (10 %). La qualité des emplois occupés par les diplômés des filières professionnelles est aussi sensiblement inférieure, comme en témoignent une forte proportion de contrats temporaires et des salaires moyens beaucoup plus bas. Sur le marché du travail, l'insertion des diplômés de l'enseignement professionnel varie sensiblement à courte terme selon leur filière d'études : ainsi, le taux de chômage des diplômés des filières de la santé est très bas, alors qu'il est supérieur à la moyenne pour ceux des filières « commerce et vente » et « travail administratif ». Par ailleurs, les diplômés des formations en alternance ont de meilleurs résultats à courte terme sur le marché du travail que les élèves de l'enseignement professionnel. En termes de taux de chômage, on constate un écart de 10 points de pourcentage entre les diplômés du niveau V et de 7 points de pourcentage pour les titulaires du bac professionnel trois années après l'obtention de leur diplôme (Céreq, 2016). Selon les données européennes relatives au devenir professionnel des jeunes récemment diplômés, la France est l'un des rares pays de l'Union européenne où le taux d'emploi des diplômés de l'enseignement professionnel non supérieur est inférieur à celui des diplômés de l'enseignement général non supérieur (Base de données d'Eurostat sur l'éducation et la formation, 2015). Il faut déployer un vaste train de réformes pour améliorer la qualité de l'enseignement professionnel, notamment afin de veiller à ce que les enseignants des filières professionnelles aient une meilleure connaissance de l'entreprise. En France, rares sont les enseignants qui conjuguent enseignement et travail en entreprise, et les débouchés professionnels en entreprise sont limités pour les enseignants (OCDE, 2015a).

Encadré 4.5. Recommandations : Enseignement professionnel

- Améliorer la qualité de l'enseignement professionnel, en veillant à ce que le contenu des programmes corresponde davantage aux besoins des employeurs. Assurer que les compétences des enseignants de l'enseignement professionnel soient à jour par rapport aux pratiques en vigueur dans les entreprises. Il faut également accroître la proportion d'élèves des filières professionnelles en alternance.

- Améliorer l'image de l'enseignement professionnel auprès des employeurs, des élèves et des parents. L'amélioration de la qualité des programmes devrait contribuer à redorer l'image de la filière, mais il faudrait aussi mettre en place des campagnes d'information quant aux parcours professionnels et aux débouchés de l'enseignement professionnel.

- Étendre l'enseignement professionnel à d'autres secteurs, notamment aux secteurs émergents. Fournir suffisamment de places dans l'enseignement professionnel supérieur pour les diplômés des filières professionnelles du secondaire, et garantir un accompagnement pour faciliter la transition de l'enseignement professionnel secondaire au supérieur. S'assurer que les élèves soient informés des cursus disponibles dans l'enseignement professionnel.

Qualité de la formation continue

Avec la mise en place du compte personnel de formation (CPF), la France a marqué un pas en avant décisif vers la généralisation de la formation continue des adultes, qu'ils occupent un emploi ou non. S'il est essentiel de garantir l'accès de tous à la formation continue, il est aussi crucial de veiller à la qualité des formations proposées. Le CPF donne accès à 11 000 formations différentes, adaptées aux besoins nationaux, régionaux ou sectoriels. Pour contribuer au développement des compétences, il convient de fixer des normes de qualité élevées pour les programmes de formation. En 2013, la France comptait 66 362 organismes de formation officiellement reconnus, dont 97 % dans le secteur privé. Ces organismes de formation du secteur privé représentaient 79 % du chiffre d'affaires et 86 % des formés. Le nombre élevé d'organismes de formation témoigne du morcellement du marché. Néanmoins, 1 % seulement des organismes de formation représentaient 44 % du chiffre d'affaires total et 30 % des formés. Ces organismes de grande taille affichent un chiffre d'affaires élevé (3 millions EUR au moins) et sont très différents des 83 % de prestataires ayant un chiffre d'affaires inférieur à 150 000 EUR et ne représentent que 24 % des formés (République française, 2017).

Les contrôles de qualité réalisés auprès des organismes de formation sont relativement faibles et un processus de certification efficace fait défaut (OCDE, 2015a). Pour tenter de remédier à l'insuffisance des informations sur la qualité des formations et des prestataires, France Stratégie a créé un groupe de travail chargé d'analyser ce problème et de recenser les solutions possibles (France Stratégie/Dares, 2015). Pour améliorer la qualité des formations, un nouveau décret a été adopté en 2015 et est entré en vigueur en 2017, afin de définir des critères de qualité pour les organismes de formation. Depuis, ces organismes doivent apporter la preuve de leur qualité, soit au moyen d'un label CNEFOP ou d'une certification de qualité, soit en adhérant aux cadres d'évaluation internes des organismes qui financent la formation (comme les régions ou Pôle emploi).

Encadré 4.6. Recommandations : Qualité de la formation continue

- La qualité des programmes de formation doit être réévaluée régulièrement, afin de veiller à ce que leur contenu soit pertinent et adapté aux besoins des participants. Ces derniers doivent avoir la possibilité de fournir des avis pouvant être consultés par d'autres utilisateurs potentiels.

- La CNCP doit examiner minutieusement les demandes d'inscription au RNCP, afin qu'il devienne un label de qualité. Les informations utilisées pour prendre la décision d'inscription à ce répertoire, comme les résultats enregistrés sur le marché du travail par les titulaires d'une certification, doivent être rendues publiques. Des évaluations comparables doivent s'appliquer aux certifications actuellement octroyées par défaut.

- Pour veiller au succès du compte personnel de formation, les formations pouvant entrer dans le cadre de ce dispositif doivent être limitées aux programmes soumis aux contrôles de qualité approfondis et dispensés par des prestataires certifiés. Par ailleurs, les formations entrant dans le cadre du CPF doivent cibler davantage les formations qui correspondent à des besoins réels du marché du travail.

Orientation professionnelle

Lorsque les élèves et les adultes qui occupent un emploi ou qui sont au chômage bénéficient de conseils d'orientation professionnelle de qualité et pertinents, ils sont mieux à même de prendre des décisions éclairées quant à leur formation et à leur choix de carrière. Les individus doivent pouvoir accéder aux informations dont ils ont besoin sur les débouchés professionnels offerts par les formations qu'ils envisagent, notamment à des données actualisées sur les déséquilibres existants et prévus en matière de compétences. En France, de nombreux acteurs différents fournissent des informations relatives à l'orientation professionnelle, avec des niveaux de qualité, de pertinence et d'accessibilité variables. Or, face à une telle diversité, les utilisateurs peinent à faire le tri entre les informations. C'est pourquoi il serait utile de créer un site web unique qui centraliserait toutes les informations existantes en les présentant sous un format attractif et facile à comprendre (en respectant les meilleures pratiques existantes).

Avec la création du CEP, une étape importante a été franchie concernant l'orientation professionnelle des personnes avec un projet de développement professionnel. Cependant, pour que le CEP soit vraiment utile, il faut s'assurer du niveau de qualité de l'accompagnement fourni. C'est pourquoi les conseillers du CEP doivent être correctement formés dans l'ingénierie de parcours et se former régulièrement pour actualiser en permanence leur connaissance du marché du travail et des besoins de compétences.

Encadré 4.7. Recommandations : Orientation professionnelle

- Il faut créer un site web unique, réunissant les informations utiles provenant des différentes parties prenantes (régions, secteurs, service public de l'emploi). Les informations doivent être présentées sous un format simple, en respectant les meilleures pratiques existantes.

- L'orientation professionnelle doit être clairement liée aux conclusions des évaluations des besoins en compétences, qui doivent elles-mêmes être présentées sous un format simple.

- Les conseillers du dispositif de conseil en évolution professionnelle (CEP) doivent être formés à dispenser des conseils de qualité et avoir connaissance d'ingénierie de parcours. Les conseillers du CEP doivent bénéficier d'une formation continue afin d'actualiser en permanence leur connaissance du marché du travail et des besoins de compétences. Cela renforcerait aussi leurs capacités d'orienter les individus vers les professions les plus porteuses ou émergentes.

Obstacles à la progression de carrière ou à la reconversion

À l'heure où la demande de compétences et le contenu des emplois en termes de tâches évoluent à un rythme sans précédent, il est essentiel que tous les individus soient dotés de compétences élémentaires solides. Ce type de compétences est important non seulement dans tous les types d'emplois, mais aussi pour participer à la formation continue et en tirer profit. Selon les données issues de l'enquête PIAAC de l'OCDE, en France, une proportion supérieure à la moyenne de la population adulte se situe en bas de l'échelle de compétences à l'écrit et en mathématiques. Un faible niveau de compétences élémentaires diminue la probabilité de participer à des activités de formation des adultes, ce qui limite les possibilités de progression ou de changement de carrière. Ces compétences élémentaires doivent être enseignées au cours de la formation initiale mais elles doivent aussi être régulièrement actualisées grâce à la formation continue.

Les compétences élémentaires font partie d'un set de compétences transversales qui sont d'importance crucial pour pouvoir changer d'emploi. Les compétences transversales contiennent aussi des *soft skills* (ou compétences humaines), comme la flexibilité ou l'aptitude à l'apprentissage. Quand les programmes d'enseignement sont très spécifiques – autrement dit, ciblant un set d'emplois étroit-, ils ne fournissent généralement pas les compétences transversales dont les diplômés ont besoin afin de pouvoir travailler dans des emplois qui ne sont pas ciblés par leur spécialisation de diplôme. En France, une ample diversité de programmes est disponible dans l'enseignement professionnel, bien que la participation soit fortement concentrée dans un ensemble de programmes relativement restreint (IGEN et IGAENR, 2016). En 2014, il y avait 136 programmes de CAP, mais 80 % des étudiants étaient concentrés dans les 20 % des options CAP.

Même lorsque les individus ont les compétences nécessaires pour changer d'emploi, ils peuvent se heurter aux obstacles créés par la réglementation de l'entrée dans certaines professions. En France, de nombreuses professions sont réglementées, ce qui signifie qu'il est nécessaire d'être titulaire d'un diplôme spécifique pour pouvoir les exercer.

Selon les résultats d'une comparaison réalisée à l'échelle européenne, la France figure parmi les pays où le nombre de professions réglementées est le plus élevé (Commission européenne, 2016). Si une telle réglementation s'impose pour certaines professions (notamment dans le secteur de la santé), elle peut également constituer un obstacle à l'entrée dans d'autres, pour lesquelles les exigences de qualification sont trop strictes ou superflues. La reconnaissance des acquis antérieurs est utile pour les individus qui sont dotés des compétences requises mais ne sont pas titulaires du diplôme nécessaire pour exercer l'une de ces professions réglementées. Toutefois, la procédure à suivre peut être fastidieuse et dissuader les personnes de se réorienter professionnellement. Pour tenter d'inciter les États membres à limiter la réglementation excessive, la Commission européenne leur a demandé de dresser la liste de leurs professions réglementées et de vérifier si les restrictions appliquées étaient bien non discriminatoires, justifiées et proportionnées. La France a lancé plusieurs initiatives de libéralisation ces dernières années, en vertu de la Loi Macron.

Encadré 4.8. Recommandations : Faciliter la progression de carrière et la reconversion

- Améliorer l'acquisition des compétences transversales, y compris les compétences élémentaires, tout au long de la scolarité obligatoire et dans l'enseignement supérieur. Veiller à ce que l'enseignement des compétences transversales fasse partie intégrante du deuxième cycle de l'enseignement secondaire professionnel.

- Pour entretenir les compétences élémentaires, encourager les travailleurs, surtout les moins qualifiés, à suivre régulièrement des formations aux compétences de base. Les employeurs ont un rôle essentiel à jouer pour fournir ces formations et inciter leurs salariés à se former.

- Analyser et évaluer précisément les réglementations professionnelles existantes. Assouplir, voire supprimer, les réglementations injustifiées ou trop strictes.

Utilité des politiques publiques : Sensibilisation des publics visés et accessibilité

Comme l'a montré la section précédente, de nombreuses mesures et initiatives mises en œuvre en France contribuent, directement ou indirectement, à atténuer les déséquilibres en matière de compétences constatés sur le marché du travail. Pour autant, certaines de ces mesures ne parviennent pas à atteindre leur plein potentiel, car elles restent relativement peu utilisées. L'une des premières explications tient à la complexité des mesures et des initiatives. Par exemple, l'utilisation du CPF est limitée principalement à la formation des travailleurs très qualifiés, à la formation obligatoire et à la formation des chômeurs. Ces derniers sont souvent encouragés à avoir recours au CPF par le service public de l'emploi, qui les aide en outre à l'utiliser. Si le fonctionnement de base est simple, les formations qui entrent dans le cadre du CPF sont beaucoup plus compliquées puisque les personnes ont accès aux formations qui figurent sur des listes nationales, régionales et sectorielles. La complexité du système peut aggraver les inégalités existantes dans l'accès à la formation, puisque les personnes peu qualifiées ont plus de mal à se servir du CPF. Autre facteur qui limite l'utilisation des mesures : l'absence de sensibilisation des utilisateurs potentiels. En effet, nombre d'entre eux peuvent ignorer l'existence de mesures déjà en place ou ne pas comprendre en quoi elles peuvent leur être utiles. Là encore, les personnes peu qualifiées peuvent être désavantagées. De nombreux autres obstacles peuvent empêcher d'attirer un grand nombre de participants, comme par exemple le faible niveau de financement du congé de formation.

Pour accroître l'utilisation des mesures et initiatives existantes et nouvelles, les informations qui les concernent doivent être présentées sous un format simple, afin qu'elles soient accessibles au plus grand nombre. Plutôt que de décrire simplement les mesures et leurs règlements, il faut mettre en place des sites web interactifs permettant aux utilisateurs d'accéder aux informations dont ils ont besoin. Avec ces sites interactifs, les personnes devraient comprendre plus facilement si elles peuvent prétendre à certaines mesures, et la procédure à suivre pour en bénéficier. Les organismes existants, comme le service public de l'emploi, les syndicats et les conseillers du CEP, ainsi que les employeurs, doivent fournir des informations actualisées sur les mesures et les initiatives existantes, et orienter les personnes intéressées vers des sites web interactifs.

La France pourrait augmenter l'utilisation de la formation continue, notamment au moyen du CPF, en proposant des services d'aide plus performants pour trouver des programmes de formation adaptés à chacun. Le CPF fonctionnant à partir d'un compte personnel accessible en ligne, il est possible de dispenser des conseils ciblés sur les formations disponibles par le biais de ce site. On pourrait par exemple demander aux personnes de saisir des informations sur leurs compétences, leurs tâches professionnelles, leurs centres d'intérêt et leurs objectifs, afin de les orienter vers les formations les plus adaptées. Il serait ainsi beaucoup plus facile de s'y retrouver dans les listes très longues de formations qui entrent dans le cadre du CPF. Cet outil pourrait aussi être utilisé pour orienter les individus vers l'acquisition de compétences recherchées sur le marché du travail.

Encadré 4.9. Recommandations : Sensibilisation et accessibilité des informations

- Promouvoir activement les initiatives existantes et nouvelles, notamment auprès des personnes les moins qualifiées. Les organismes existants, comme les organismes d'orientation professionnelle et les syndicats, ainsi que les employeurs, ont un rôle crucial à jouer à cet égard.

- Présenter les informations relatives aux mesures et aux initiatives sous un format accessible et interactif, afin de permettre aux lecteurs de sélectionner uniquement les informations qui les intéressent. Expliquer les différentes étapes à suivre pour pouvoir bénéficier de ces mesures.

- Pour offrir aux utilisateurs un large éventail de possibilités, les accompagner dans la consultation des formations proposées. S'agissant du CPF, par exemple, on pourrait demander aux utilisateurs de répondre à plusieurs questions en amont afin de restreindre la liste des formations pertinentes.

Cohérence des politiques en faveur des compétences

La France a mis en place un large éventail de mesures pour s'attaquer aux déséquilibres en matière de compétences et améliorer le niveau de compétence de la population. Pour autant, le fait qu'elles soient si nombreuses nuit à l'efficacité du système, en étant source de confusion pour les utilisateurs comme pour les pouvoirs publics. De nombreux acteurs sont parties prenantes des mesures adoptées en France en matière de compétences et, même si cela contribue à assurer la pertinence des politiques publiques, cela ajoute aussi à la complexité du système, surtout si le rôle de chacune des parties prenantes n'est pas clairement défini.

Dans ce contexte et compte tenu de l'évolution rapide de la demande de compétences, il faut élaborer une approche cohérente à l'échelle de l'ensemble du système quant aux politiques en faveur des compétences, en commençant par recenser les principaux objectifs du système français des compétences. Par ailleurs, cette approche suppose i) de dresser le bilan des politiques existantes et d'analyser leur efficacité, ii) de décrire l'évolution passée et à venir des besoins en compétences, et iii) de définir des actions à mener en priorité pour assurer un développement optimal des compétences. Les politiques relatives aux compétences ayant un impact décisif sur un grand nombre de secteurs et d'acteurs, il est indispensable, pour préserver leur cohérence, d'impliquer une vaste palette de parties prenantes (pouvoirs publics, régions, partenaires sociaux, organismes de formation). Une approche à l'échelle de l'ensemble du système devrait faciliter la mise en œuvre de nouvelles mesures, ainsi que l'amélioration des mesures existantes. Surtout, toutes les parties prenantes doivent élaborer et mettre en œuvre leurs mesures ou leurs initiatives dans un souci de cohérence.

D'autres pays s'efforcent d'améliorer la cohérence de leurs politiques en faveur des compétences, notamment en adoptant (ou en mettant à jour) leur propre stratégie nationale sur les compétences. En 2010, l'Angleterre a lancé une nouvelle stratégie sur les compétences intitulée « Skills for Sustainable Growth », qui mettait nettement l'accent sur le développement et l'amélioration du système d'apprentissage. Cette stratégie reconnaît l'importance des compétences pour « […] renouer avec une croissance économique durable, renforcer l'inclusion et la mobilité sociales et bâtir la société de demain ». Elle définit les orientations à suivre pour la politique en faveur des compétences, ainsi que la responsabilité commune des pouvoirs publics, des employeurs et des individus « […] de créer un système de compétences au sein duquel toutes les parties prenantes peuvent investir en toute confiance et obtenir les mêmes avantages ». L'Irlande a quant à elle lancé sa « Skills Strategy 2025 » en 2016, qui s'articule autour de six objectifs visant à ce que « l'Irlande soit reconnue au plan national et international comme un pays qui fait prospérer les talents ». La stratégie irlandaise énonce des actions et des mesures à mettre en œuvre pour atteindre chacun de ces six objectifs, et recense les principales parties prenantes responsables de la mise en application des mesures. La France n'a pas de stratégie nationale en faveur des compétences, mais cette idée a été proposée par plusieurs acteurs. France Stratégie (2017), par exemple, appelle à la mise en place d'une stratégie nationale sur les compétences, qui pourrait être axée soit sur le développement de compétences spécifiques soit sur le développement de compétences transversales.

> **Encadré 4.10. Recommandations : Cohérence des politiques**
>
> - Élaborer une approche cohérente à l'échelle de l'ensemble du système quant aux politiques en faveur des compétences. Pour ce faire, adopter les mesures suivantes : recenser les principaux objectifs du système français des compétences pour les prochaines années ; dresser le bilan des politiques existantes ; déterminer les problèmes existants et à venir ; et définir des actions à mener en priorité pour améliorer le système des compétences.
>
> - Dans un souci de cohérence, améliorer la coordination des initiatives menées par différentes parties prenantes, compte tenu de l'importance des compétences dans de nombreux domaines. Dans ce contexte, la première étape dans l'élaboration d'un ensemble de mesures cohérent doit être de procéder à une consultation des parties prenantes concernées et de les mobiliser dans le diagnostic des problèmes, la définition des objectifs et l'élaboration d'actions cohérentes.

Note

1. Même parmi les lauréats du bac technologique, 11.5 % seulement ont poursuivi des études en DUT en 2015. La plus grande partie des titulaires du bac technologique (41.5 %) poursuivent leurs études dans l'enseignement professionnel supérieur (BTS).

Références

Céreq – Centre d'études et de recherches sur les qualifications (2016), « Insertion des apprentis : Un avantage à interroger », *Bref du Céreq*, n° 346.

Céreq (2015), « CAP-BEP : des difficultés d'insertion encore aggravées par la crise », *Bref du Céreq*, n° 335.

Commission européenne (2016), « Regulated Professions », *Le semestre européen : fiche thématique.*

Dardier, A., N. Laïb et I. Robert-Bobée (2013), « Les décrocheurs du système éducatif : de qui parle-t-on? », *Insee Références.*

Dares (2014), « La mutualisation des fonds de la formation continue », *Dares Analyses*, n° 007.

DEPP – Direction de l'évaluation, de la prospective et de la performance (2016), *Repères et références statistiques sur les enseignements, la formation et la recherche*, Paris.

France Stratégie (2017), *Élaborer une stratégie nationale de compétences – Actions critiques*, France Stratégie, Paris.

France Stratégie/Dares (2015), *Les métiers en 2022. Rapport du groupe Prospective des métiers et des qualifications.*

IGEN – Inspection générale de l'Éducation nationale et IGAENR – Inspection générale de l'Administration de l'Éducation nationale et de la Recherche (2016), « Cartographie de l'enseignement professionnel », *Rapport n° 2016-041.*

Ministère de l'Enseignement supérieur et de la Recherche (2012), « Les bacheliers professionnels dans l'enseignement supérieur », *Note d'information*, n° 12.04.

OCDE (2015a), *Études économiques de l'OCDE : France 2015*, Éditions OCDE, Paris, http://dx.doi.org/10.1787/eco_surveys-fra-2015-fr.

OCDE (2015b), *Perspectives de l'OCDE sur les compétences 2015: Les jeunes, les compétences et l'employabilité*, Éditions OCDE, Paris, http://dx.doi.org/10.1787/9789264235465-fr.

OCDE (2009), *Jobs for Youth/Des emplois pour les jeunes: United States 2009*, Éditions OCDE, Paris, http://dx.doi.org/10.1787/9789264075290-en.

République française (2017), *Annexe au projet de loi de finance pour 2017 – formation professionnelle*, France.

SPF Emploi, Travail et Concertation sociale (2013), *Fonds de formation titres-services – Rapport d'évaluation 2011-2012*, Secrétariat de la Commission fonds de formation titres-services, Bruxelles.

Stuart, M. et al. (2016), « Evaluation of the Union Learning Fund Rounds 15-16 and Support Role of Unionlearn: Final Report », Centre for Employment Relations Innovation and Change, University of Leeds.

ORGANISATION DE COOPÉRATION ET DE DÉVELOPPEMENT ÉCONOMIQUES

L'OCDE est un forum unique en son genre où les gouvernements oeuvrent ensemble pour relever les défis économiques, sociaux et environnementaux que pose la mondialisation. L'OCDE est aussi à l'avant-garde des efforts entrepris pour comprendre les évolutions du monde actuel et les préoccupations qu'elles font naître. Elle aide les gouvernements à faire face à des situations nouvelles en examinant des thèmes tels que le gouvernement d'entreprise, l'économie de l'information et les défis posés par le vieillissement de la population. L'Organisation offre aux gouvernements un cadre leur permettant de comparer leurs expériences en matière de politiques, de chercher des réponses à des problèmes communs, d'identifier les bonnes pratiques et de travailler à la coordination des politiques nationales et internationales.

Les pays membres de l'OCDE sont : l'Allemagne, l'Australie, l'Autriche, la Belgique, le Canada, le Chili, la Corée, le Danemark, l'Espagne, l'Estonie, les États-Unis, la Finlande, la France, la Grèce, la Hongrie, l'Irlande, l'Islande, Israël, l'Italie, le Japon, la Lettonie, le Luxembourg, le Mexique, la Norvège, la Nouvelle-Zélande, les Pays-Bas, la Pologne, le Portugal, la République slovaque, la République tchèque, le Royaume-Uni, la Slovénie, la Suède, la Suisse et la Turquie. La Commission européenne participe aux travaux de l'OCDE.

Les Éditions OCDE assurent une large diffusion aux travaux de l'Organisation. Ces derniers comprennent les résultats de l'activité de collecte de statistiques, les travaux de recherche menés sur des questions économiques, sociales et environnementales, ainsi que les conventions, les principes directeurs et les modèles développés par les pays membres.

www.ingramcontent.com/pod-product-compliance
Lightning Source LLC
Chambersburg PA
CBHW082356220526
45470CB00008B/2767